Karl Knortz

**Deutsches und Amerikanisches**

Karl Knortz
**Deutsches und Amerikanisches**
ISBN/EAN: 9783743443778

Hergestellt in Europa, USA, Kanada, Australien, Japan

Cover: Foto ©Thomas Meinert / pixelio.de

Manufactured and distributed by brebook publishing software (www.brebook.com)

Karl Knortz

**Deutsches und Amerikanisches**

# Deutsches und Amerikanisches.

Von

Karl Knortz.

Glarus.
Verlagsbuchhandlung Vogel.
1894.

Alle Rechte vorbehalten.

## Nikolaus Lenau in Amerika.

Nachdem sich Nikolaus Lenau mit verschiedenen Studien befaßt und ihn kein Zweig der Wissenschaft dermaßen begeistert hatte, daß er sich denselben zur Brod und Butter liefernden Lebensaufgabe gemacht hätte, war er 1831 nach Stuttgart gekommen, um sich dort nach einem zahlenden Verleger für seine Gedichte umzusehen. Bei den Häuptern der schwäbischen Dichterschule fand der gebildete Ungar mit seinen tiefschwarzen Augen und seinem für alles Schöne schwärmenden Herzen eine freundliche Aufnahme und der stets zu literarischen Gefälligkeiten bereite Gustav Schwab druckte einige seiner Gedichte im „Morgenblatte" ab und beredete auch Cotta, den Verlag der ganzen Sammlung zu übernehmen.

Trotz des liebevollen Verkehrs mit Mayer, Schwab und Justinus Kerner kam Lenau, der vorher schon mehrmals Anfälle von Tobsucht gehabt hatte und den ein unglücklich geendetes Liebesverhältniß noch immer quälte, doch nie so recht zum ungetrübten Lebensgenuß und auch trotz aller gut gemeinten Rathschläge betreffs seiner zukünftigen Carrière zu keinem festen Entschluß und noch viel weniger zur energischen Ausführung desselben. Mit Uhland, den er wahrhaft vergötterte, trat er niemals in den erwünschten intimen Verkehr; Uhland schätzte zwar den fremden Sänger sehr hoch, seinen Gedichten aber fehlte die friedliche Seelenharmonie, ohne die einmal für ihn kein Lied Werth hatte.

Nach eigenem Geständniß war Lenau damals von melancholischem Sumpfgeflügel umflattert; die Medizin, deren Studium er in Heidelberg vollenden wollte, behagte ihm nicht mehr, da er einen unbesiegbaren Ekel vor manchen Krankheitserscheinungen hatte; da jedoch einmal Etwas zur Sicherung seiner Existenz gethan werden mußte, so verfiel er auf den besonders in der damaligen Zeit auffallenden Plan, nach Amerika zu gehen, dort eine Farm zu kaufen und sich vom späteren Pächter derselben eine Miethe zahlen zu lassen, die ihn befähigte, in Europa sorgenfrei leben zu können.

Wie Kerner im Frühjahr 1832 an Mayer schrieb, so war Lenau damals ganz besessen von Amerika und ließ sich durchaus nicht eines Besseren belehren. „In Niembsch," bemerkte Kerner in dem betreffenden Briefe, „ist ein Dämon, der wilde Thiere schießen und Urwaldsbäume niederreißen will. So lange dieser Dämon nicht aus ihm getrieben ist, ist er furchtbar unglücklich und macht auch Andere düster." Ihn von der fixen Amerika-Idee zu befreien, gab Kerner nach kräftigen, aber erfolglosen Versuchen ebenfalls auf und tröstete sich damit, daß vielleicht Amerika das Land der heilenden Prüfung für den Sonderling würde. Ja, er sagte sogar: „Europa verfault immer mehr in der Gemeinheit und auch mir wird es oft ganz bang in ihm."

Lenau hatte sich zur Ausführung seines Planes einer Ulmer Auswanderungsgesellschaft, die mit 200 Mann im Missouri-Thale eine Kolonie gründen wollte, angeschlossen und da jenes Land erst durch eine Kommission untersucht werden sollte, so wollte er sich diesem Vortrabe anschließen, um Augenzeuge der Entstehung einer Kolonie zu sein. Die Regierung hatte vor dieser Auswanderungsgesellschaft, da sie nicht die nöthige Garantie für ein erfolgreiches Unternehmen zu bieten schien, öffentlich gewarnt und sie auch nicht gesetzlich anerkannt; um solche Nebendinge aber kümmerte sich Lenau nicht und der in vielen Dingen sonst gar nicht so unpraktische Mann traf die erforderlichen Vorbereitungen für seine Abreise und kaufte besonders einen ungeheuren Vorrath von Zündhütchen ein.

Am 13. März 1832 schrieb Lenau von Weinsberg aus an seinen getreuen Karl Mayer: „Ich reise diesen Frühling nach Amerika. Längstens bis 1. Mai, vielleicht aber schon in drei Wochen werd' ich mich einschiffen. — Gefällt es mir in Amerika, so bin ich gesonnen, etwa fünf Jahre dort zu bleiben, wo nicht, kehr' ich um und überlasse mein Eigenthum der Kolonisationsgesellschaft zur Administration. Aber es wird mir hoffentlich gefallen. Der ungeheuere Vorrath von Naturscenen ist in fünf Jahren kaum erschöpft, und meine lieben Freunde sind' ich dann doch alle wieder. Ich brauche Amerika zu meiner Ausbildung. Dort will ich meine Fantasie in die Schule — die Urwälder — schicken. Künstlerische Ausbildung ist mein höchster Lebenszweck, alle Kräfte meines Geistes, das Glück meines Gemüthes betracht' ich als Mittel dazu. Erinnerst Du Dich an das Gedicht von Chamisso, wo der Maler einen Jüngling an das Kreuz nagelt, um ein Bild vom

Todesschmerze zu haben? Ich will mich selber an's Kreuz schlagen, wenn's nur ein gutes Gedicht gibt. Und wer nicht alles Andere gerne in die Schanze schlägt der Kunst zu liebe, der meint es nicht aufrichtig mit ihr. Schwab sagt in einem sehr schönen Gedichte: „Das Leben ist Sorg' und viel Arbeit"; ich möchte sagen: Die Kunst ist Sorge und viel Arbeit. — Ganz Unrecht hat Schiller, wenn er gegensätzelnd sagt: „Ernst ist das Leben, heiter ist die Kunst"; ich sehe mehr Ernst in der Kunst als im Leben, wo Alles vergeht, Lust und Schmerz, während in jener allein Bestand ist und Ewigkeit. In der Religion doch wohl auch, wirst Du meinen; aber ich glaube, Religion ist nichts als immanente Kunst; und Kunst ist nichts als transiente Religion, der reinste Kultus. Der sterbende Mensch schneidet zum Zeichen ihrer Freundschaft seinen eigenen Namen und den Namen Gottes in verschlungenen Hieroglyphenzügen in einen von den frischen, grünen Bäumen des Sinnenlebens, durch welche seine Brüder lachend und weinend und eben auch sterbend dahin wandern. Ewigkeit ist freilich zu viel gesagt von der Kunst und ihren Werken; doch währt's was länger mit jenen Namenszügen der göttlichen Freundschaft. Doch genug des Geplauders über unaussprechliche Dinge.

Ich sitze wieder bei meinem Kerner und genieße seine liebenswürdige Persönlichkeit in vollen Zügen. Bald aber komme ich nach Stuttgart und Waiblingen, um noch zu guter Letzt an Deinem treuen Herzen mich zu stärken für die Reise nach Amerika.

Deine Gedichte sind bereits alle durchkritisirt; es wird eine herrliche Sammlung geben. Du sendest mir sie nach über's Meer und ich werde sie den schönen, stillen, sinnenden

Blumenbäumen Amerika's vorlesen. Deine lieben Worte
werden wie schöne Vögel herumflattern im wundervollen Ge-
zweige des Urwalds. Du, Uhland, Schwab, Kerner und
alle andern Dichterfreunde von mir, jeder erhält seinen eigenen
Bezirk in meinem Waldgebiete und jeder dieser Bezirke wird
eingeweiht mit dem schönsten Gedichte seines Patrons; und
der ganze Wald wird von Sehnsucht ergriffen werden nach
Euch, und er wird bange seufzen und seinen Vögeln sagen:
zieht hin nach Europa und ruft mir die lieblichen Sänger
herüber; und an einem Tage wird in Weinsberg und Tü-
bingen und Stuttgart und Waiblingen ein seltsamer, schöner
Vogel sich zeigen und an Euer Fenster klopfen und dringend
rufen, daß ihr kommen sollt dahin, wo die Freiheit blüht."

Der geistersehende Kerner setzte diesem Briefe, der klar
und deutlich zeigt, daß Lenau zu einem amerikanischen Kolonisten auch nicht im Entferntesten geeignet war und der seine
späteren, bitteren Enttäuschungen leicht erklären und seine
derben Ausfälle gegen Amerika entschuldigen läßt, folgendes
Postscriptum bei:

„Lieber Mayer! Das ist Alles, so dichterisch es klingt,
rein dämonisch. Ich sah kürzlich seinen Dämon! Es ist
ein haariger Kerl mit einem langen Wickelschwanz u. s. w.;
der flüstert ihm von jenen Urwäldern so zu, der läßt ihm
keine Ruhe! Um Gotteswillen, Mayer! Komm' hieher und
rette mir den lieben Niembsch aus dem Wickelschwanze dieses
amerikanischen Gespenstes!"

Dies war unter den obwaltenden Umständen natürlich
eine reine Unmöglichkeit. Lenau gestand ein, daß er einen
Dämon, nämlich den Dämon des Unglücks, in sich habe und
er wollte nun einmal sehen, ob ihm derselbe auch über das

große Salzwasser nach dem so heiß ersehnten Lande der Freiheit folgte.

In dem in der ersten Auflage seiner Gedichte betitelten „Lied eines auswandernden Portugiesen", das aber in Wahrheit seine eigenen Abschiedsgedanken enthält, sagt er:

„Sei mir zum letztenmal gegrüßt,
Mein Vaterland, das feige, dumm,
Die Ferse dem Despoten küßt,
Und seinem Wink gehorchet stumm.

Wohl schlief das Kind in Deinem Arm,
Du gabst, was Knaben freuen kann;
Der Jüngling fand ein Liebchen warm,
Doch keine Freiheit fand der Mann.

Im Hochland streckt der Jäger sich
Zu Boden schnell, wenn Wildesschaar
Heran sich stürzet fürchterlich;
Dann schnaubt vorüber die Gefahr.

Mein Vaterland, so sinkst Du hin;
Rauscht Deines Herrschers Schritt heran,
Und lässest ihn vorüber ziehn,
Und hältst den bangen Athem an. —

Fleug, Schiff, wie Wolken durch die Luft,
Hin, wo die Götterflamme brennt!
Meer, spüle mir hinweg die Kluft,
Die von der Freiheit noch mich trennt!

Du neue Welt, Du freie Welt,
An deren blüthenreichem Strand
Die Fluth der Tyrannei zerschellt
Ich grüße Dich, mein Vaterland!"

Gar bald jedoch ließ der in seinen Erwartungen gründlich getäuschte Dichter andere Töne erschallen.

Lenau fuhr also im Juni 1832 den Rhein hinunter nach Rotterdam, um von da aus seine Reise nach Baltimore, wohin er Empfehlungen hatte, fortzusetzen. In der regen holländischen Handelsstadt wollte er fleißig in den Kneipen der Matrosen herum schleichen, um seine Menschenkenntniß zu bereichern. Zu Letzterem wurde ihm jedoch schon unterwegs mehr Gelegenheit gegeben, als ihm lieb war.

Außer den Paßschererereien, die er auf der Rheinreise zu erdulden hatte und von denen er sich an der holländischen Grenze durch sein vortreffliches Geigenspiel befreite, da er, wenn er gerade nicht einen für Musik schwärmenden Beamten angetroffen hätte, wieder zurück gesandt worden wäre, kam er und seine Europamüden Mitgefährten unterwegs stets mehr zu der Ueberzeugung, daß der Hauptunternehmer der amerikanischen Kolonisation ein Schwindler war. Die Passagiere wählten ihn als den gebildetsten unter ihnen zu ihrem Richter und trugen ihm ihre Beschwerden vor, infolge deren er sich berechtigt glaubte, den Angeklagten verhaften und auf dem Schiffe einsperren zu lassen. Derselbe machte jedoch in Holland eine Klage gegen ihn anhängig und wäre die Schuld des Maklers nicht so klar gewesen, so hätte sicherlich Lenau den Gefangenen spielen müssen.

Anfangs August 1832 fuhr Lenau auf dem gebrechlichen Ostindienfahrer "Baron van der Kapellen", welcher der Abwechslung wegen einmal einen Abstecher nach Baltimore machte, nach Amerika ab. Der Kapitän nahm sich seiner auf's Freundlichste an und räumte ihm das beste Zimmer seines Schiffes ein. Außer seinem Diener Philipp, den er zum Pächter seiner amerikanischen Ländereien bestimmt hatte, hatte er noch einen Zimmermann mit seinen Söhnen mitgenommen; demselben sollte die Oberaufsicht über das Gut übertragen werden. Nach einer bereits erwähnten Mittheilung wollte er fünf Jahre in Amerika bleiben; nach einer anderen hingegen nur sechs Monate und nach einer dritten gedachte er schon nach vier Wochen in dem alten Ostindienfahrer wieder nach Europa zurückzukehren. Ueberhaupt hatte er jeden Tag betreffs seiner Zukunft einen anderen Plan.

Nach einer zehnwöchentlichen Reise betrat Lenau am 8. Oktober 1832 den amerikanischen Boden. „Unser Schiff," schreibt er, „lag noch in der Chesapeak-Bai, an welcher Baltimore, unser Landungsplatz, liegt. Der Kapitän, ein Passagier aus Würtemberg und ich fuhren in einem Nachen an's Land. Wegen Untiefe konnten wir nicht bis an's Ufer fahren. Jeder setzte sich auf einen Matrosen, und ich ritt also auf einem starken Kerl an's Land. Der Anblick des Ufers war lieblich. Zerstreute Eichen auf einer Wiese, weidendes Vieh und ein klafterlanger, zerlumpter Amerikaner mit einer abenteuerlichen Marderkappe waren das erste, das wir antrafen. Der Kapitän frug die lebendige Klafter (der Mensch war wirklich so dünn, daß man nichts als Länge an ihm sah) nach einem Landhaus, wo man Lebensmittel kaufen könne. Murmelnd und tabakkauend führte uns die Klafter ungefähr eine halbe Stunde weit zu einem recht hübschen Haus von Backsteinen. Die zahlreiche Familie des Bewohners empfing uns ziemlich artig. Die Weiber und die Kinder waren sehr geputzt. Es wunderte mich sehr der Luxus in diesem einsamen, abgelegenen Bauernhaus; weniger wunderte mich das Auffallende, Prunkende, Geschmacklose im

Anzug, besonders der Kinder. Ich glaube, wenn der Mensch sich in der Einsamkeit putzt, so thut er es ohne Geschmack. Geschmack ist ein Sohn der Gesellschaft, vielleicht der jüngstgeborne. Man kredenzte uns sofort Cider (ich mag den Namen des matten Gesöffs nicht mit deutschen Buchstaben schreiben), Butter und Brod; letztere waren gut, aber der Cider (sprich Seider) reimt sich auf „leider". Der Amerikaner hat keinen Wein, keine Nachtigall. Mag er bei einem Glas Cider seine Spottdrossel behorchen, mit seinen Dollars in der Tasche, ich setze mich lieber zum Deutschen und höre bei seinem Wein die liebe Nachtigall, wenn auch seine Tasche ärmer ist. Bruder, diese Amerikaner sind Krämerseelen, todt für alles geistige Leben, mausetodt. Die Nachtigall hat recht, daß sie bei diesen Wichten nicht einkehrt. Das scheint mir von ernster, tiefer Bedeutung zu sein, daß Amerika keine Nachtigall hat. Es kommt mir vor wie ein poetischer Fluch. Eine Niagarastimme gehört dazu, um diesen Schuften zu predigen, daß es noch höhere Güter gibt, als die im Münzhaus geschlagen werden. Man darf diese Kerle nur im Wirthshaus sehen, um sie auf immer zu hassen. Eine lange Tafel, auf beiden Seiten fünfzig Stühle (so ist es da, wo ich wohne); Speisen, meist Fleisch, bedecken den ganzen Tisch. Da erschallt die Freßglocke und hundert Amerikaner stürzen herein, keiner sieht den andern an, keiner spricht ein Wort; jeder stürzt auf seine Schüssel, frißt hastig hinein, springt dann auf, wirft den Stuhl hin und eilt davon, Dollars zu verdienen. Ich bleibe noch einige Tage hier, dann reise ich zum Niagara und dann, wenn ich gute Gelegenheit finde, nach Haus. Auf den Katarakt und die Urwälder freu' ich mich sehr. Das allein wird, hoff' ich, die ganze Reise reichlich lohnen."

Lenau reiste nun nach Pittsburgh und von da nach Economy, der Ansiedlung der schwäbischen Rappisten, in welcher er sich einige Wintermonate aufhielt und sich dichterisch beschäftigte. Man sagt, er habe sich dieser kommunistischen Kolonie anschließen wollen; doch der klar sehende, äußerst praktische Rapp hätte sicherlich ein solches Mitglied zurückgewiesen.

Im Februar 1833 eilte er nach Ohio und kaufte sich in Crawford County und zwar in der Nähe des Städtchens Washington eine Sektion Kongreßland, auf dem einige Acker urbar gemacht waren und sich auch einige Blockhütten befanden. Einen Monat darnach war ihm Amerika gründlich verleidet, denn weder in der Natur noch bei den Menschen fand er die gesuchte Poesie. Am 5. März schrieb er von Lisbon in Ohio an einen seiner Freunde:

„Wie mir Amerika gefällt? Für's erste: rauhes Klima. Heute ist der 5. März, und ich sitze am Kamin; draußen liegt fußtiefer Schnee, und ich habe ein Loch im Kopf, das ich mir gestern bei einem tüchtigen Schlittenumwurf gefallen habe. Die Wege der Freiheit sind sehr rauh, das Loch im Kopf aber ist sehr gut. Ich glaube, durch dieses Loch werden die letzten Gedanken an ein weiteres Herumreisen, um glückliche Menschen und überhaupt besseres Erdenleben zu finden, aus meinem Kopf hinausfahren. Wie aus dem geöffneten Bierkrug die fixe Luft, so machen sich aus meinem geöffneten Kopf die fixen Ideen los.

Für's zweite: rauhe Menschen. Ihre Rauheit aber ist nicht die Rauheit wilder, kräftiger Naturen, nein, es ist eine zahme und darum doppelt widerlich. Buffon hat recht, daß in Amerika Menschen und Thier von Geschlecht zu Geschlecht weiter herabkommen. Ich habe hier noch keinen muthigen Hund gesehen, kein feuriges Pferd, keinen leidenschaftlichen Menschen. Die Natur hier ist entsetzlich matt. Hier gibt es keine Nachtigall, überhaupt keine wahren Singvögel. Der Natur wird es hier nie so wohl ums Herz, oder so weh, daß sie singen müßte. Sie hat kein Gemüth und keine Phantasie und kann darum auch ihren Geschöpfen nichts dergleichen geben. Es ist was recht Trauriges, diese ausgebrannten Menschen zu sehen in ihren ausgebrannten Wäldern. Besonders haben die eingewanderten Deutschen einen fatalen Eindruck auf mich gemacht. Wenn sie einige Jahre hier gewesen, hat sich alles Feuer, das sie aus der Heimat herübergebracht, auf den letzten Funken verloren. Das bekennen sie selbst. „In Deutschland war ich ein ganz anderer Kerl," sagte einer, „da würde ich Jeden hinter die Ohren geschlagen haben, der mir das geboten hätte." Die schlimmste Frucht der üblen Verhältnisse in Deutschland ist nach meiner Ueberzeugung die Auswanderung nach Amerika. Da kommen die armen gedrängten Menschen herüber, und den letzten himmlischen Sparpfennig, den ihnen Gott ins Herz gelegt, werfen sie hin für ein Stück Brod. Anfangs dünkt ihnen das fremde (furchtbar fremde) Land unerträglich, und sie werden ergriffen von einem heftigen Heimweh. Aber wie bald ist dieses Heimweh verloren: Ich muß eilen über Hals und Kopf hinaus — hinaus — sonst verlier ich das meinige auch noch. Hier sind tückische Lüfte, schleichender Tod. In dem großen Nebelland Amerika werden der Liebe leise die Adern geöffnet, und sie verblutet sich unbemerkt. Ich weiß nicht, warum ich immer eine solche Sehnsucht nach Amerika hatte. Doch ich weiß es. Johannes hat in der Wüste getauft. Mich zog es auch in die Wüste, und hier ist in meinem Innern wirklich etwas wie Taufe vorgefallen. Vielleicht, daß ich davon genesen bin; mein künftiges Leben wird es mir sagen. In dieser großen, langen Einsamkeit ohne Freund, ohne Natur, ohne irgend eine Freude, war ich wohl darauf hingewiesen, stille Einkehr zu halten in mich selber und manchen heilsamen Entschluß zu fassen für meine ferneren Tage. Als Schule der Entbehrung ist Amerika wirklich zu empfehlen. Wenn so ein langer, einsamer Winter obendrein gewürzt ist mit einem heftigen rheumatischen Leiden und schlaflosen Nächten, wie er es mir war, dann müßte man doch sehr verstockten Wesens sein, wäre man im Frühjahr nicht ein wenig vernünftiger, als man im Herbst gewesen."

Nach dem bisher Mitgetheilten ist nichts klarer, als daß Lenau der allerungeeignetste Mensch war, in Amerika die Rolle eines Kolonisten zu spielen. Wer beständig über die Abwesenheit der Nachtigallen und des Weines klagt und gelegentlich einem Blockhausbesitzer ein Gedicht Uhland's vordeklamirt, paßt zu keinem den Urwald lichtenden Pioniere. Dem amerikanischen Kolonisten müssen Poesie und Heimweh unbekannte Begriffe sein, wenn er reussiren und auf seine Weise glücklich werden will. Vom Heimweh aber konnte sich Lenau ebensowenig wie vom Zauber der Poesie befreien und gar wehmüthig klagt er in dem damals verfaßten Gedichte „Die Rose der Erinnerung", daß er das theure Land, das Paradies voll Freundesliebe und holder Frauengüte, treulos verlassen habe. In einem anderen Gedicht nennt er Amerika ein Land voll träumerischen Truges, auf welches die Freiheit im Vorübergehen zufällig ihren Schatten fallen ließ. Das

Gedicht „Das Blockhaus" ist ein seiner innersten Seele aus=
gepreßter Schmerzensschrei über seine verzweifelte Lage.

Im Juli 1833 war Lenau wieder bei seinen schwäbi=
schen Freunden. Reicher an Enttäuschungen und Erfahrun=
gen, ärmer an Geld und Gesundheit, kam er nach Weins=
berg; „das sind verschweinte, aber nicht vereinte Staaten,"
sprach er zu Kerner.

Ueber Lenau's amerikanische Besitzung theilt Emil
Klauprecht in seiner längst vergriffenen und selten geworde=
nen „Geschichte der Deutschen im Ohio=Thale" Folgendes mit:

„Als Lenau Heimweh und Sehnsucht nach den alten
Literatur= und Kulturzuständen nach Deutschland zurück trieb,
überließ er seine Farm einem deutschen Bauern, Namens
Gärtner, zur Verwaltung. Der kleine Pachtpreis sollte theils
zur Entrichtung der Steuern verwandt, theils ihm nach
Deutschland übermacht werden.

Lenau war jedoch kaum in Stuttgart angelangt, so
verließ Gärtner das trostlose Anwesen. Die Klärung ver=
wilderte und wurde nach mehreren Jahren, da die Steuern
nicht bezahlt wurden, durch den Sherif verkauft.

Ein Landwirth aus dem Elsaß, Namens Jung, erstei=
gerte dieselbe. Unter den fleißigen Händen dieses wackeren
Mannes entstand aus der öden, sumpfigen Waldstätte ein
freundliches, einträgliches Bauerngehöft mit einem aus Back=
stein erbauten, komfortablen Wohnhause, Obstgärten, frucht=
baren Mais= und Weizenfeldern. Jahre nachher, als der
edle Dichter seinem traurigen Schicksale in der Irrenanstalt
zu Winenden verfallen und der letzte Rest seines Vermögens
geschwunden war, erinnerte man sich erst des Landstückes,
das der Amerikamüde im fernen Ohio zurückgelassen, und

ein Geschäftshaus in New=York wurde instruirt, den Verkauf zum Besten des Unglücklichen zu besorgen. Seine Bemühungen zerschellten jedoch an dem Umstande, daß Jung einen vom Sherif von Crawford County ausgefertigten und von dem dortigen Gerichtshof beglaubigten Ankaufsakt besaß. Das Grundstück war für Lenau unrettbar verloren. Die Sache kam glücklicherweise Herrn Stanislaus, dem in Cincinnati verstorbenen preußischen Konsul, der damals Verwalter der Bank in Norwall und Lenau persönlich bekannt und befreundet war, zu Ohren und mit preiswürdiger Energie übernahm der wackere Mann die Wahrung der Interessen unseres unglücklichen Dichters.

An eine Zurückgabe der Farm von Seiten Jung's war nicht zu denken. Denn außer dem Gefühle der Ruhe, welche dieser in seinem legitimen Titel fand, hatte er ein kleines Vermögen und den Schweiß von Jahren an die Verbesserung des Gütchens gewandt. Herr Stanislaus stellte ihm jedoch die volle Schmach der Schandthat vor Augen, die das County begangen, indem es weniger Dollars Steuern halber Lenau um sein Vermögen gebracht, und erwirkte von Jung nach langem, harten Parlamentiren eine Entschädigung von tausend Dollars. Das Geld kam leider zu spät in Deutschland an."

# Die swedenborg'sche Literatur Amerikas.

Da fast alle christlichen Sekten Amerikas das Wort ihres Meisters, sich Freunde mit dem ungerechten Mammon zu machen, beharrlich befolgt und infolge dessen über verhältnißmäßig große Geldmittel zu verfügen haben, — denn ist der Amerikaner einmal für eine Idee, und besonders für eine religiöse, eingenommen, so läßt er sich die Verbreitung derselben schon gern ein schönes Stück Geld kosten — so betreiben sie auch natürlich in eigenem Interesse die Proselytenwerberei mit erstaunlicher Ausdauer und sichtbarem Erfolge. Auch zum geistigen Kampfe gehört vor allen Dingen Geld und wieder Geld; denn das Leiden, Dulden und Entbehren um Christo Willen hat viel von seiner geschichtlichen Anziehungskraft eingebüßt. Mögen die Doktrinen und Dogmen einer Sekte noch so grell mit dem gesunden Menschenverstande im Widerspruche stehen, denn der Aberglaube ist einmal, wie der fromme Novalis sagt, zur Religion viel nöthiger als man glaubt, sind nur die nöthigen pecuniären Mittel vorhanden, so wird es niemals an thätigen Missionären und geduldigen Proselyten fehlen.

Nur diesem Umstande ist es zuzuschreiben, daß in Amerika solche heterogene Mittel und Wege zur Befriedigung des religiös-ethischen Bedürfnisses der nichtdenkenden Masse zur Anwendung und zum Ansehen gekommen sind und daß sich daher die Zahl der christlichen Sekten und Sektchen von Jahr zu Jahr vermehrt.

Auch die Anhänger der Lehre Swedenborgs haben sich in Amerika rühriger und opferfreudiger als in dem alten Europa gezeigt. Sie haben in New-York ein eigenes Verlagshaus gegründet und von den Werken des schwedischen Sehers mehrere Ausgaben veranstaltet, die eine große Verbreitung gefunden haben. Man mag von Swedenborg denken was man will; man mag ihn für einen religiösen Schwärmer oder für einen mit offnen Augen träumenden Phantasten halten, soviel steht fest: er war ein Mann von umfangreichem Wissen und einer der edelsten Charaktere, die es jemals gegeben hat. Man mag auch über seine „Offenbarungen" denken was einem beliebt, aber man muß, wenn man sich mit den für alle Offenbarungsreligionen unumgänglich nothwendigen Prämissen, wie dem Glauben an Gott, an eine persönliche Fortdauer nach dem Tode und an die direkte göttliche Inspiration und Unfehlbarkeit der Bibel zufrieden geben kann, eingestehen, daß wenigstens Methode und Logik darin und daß den Anforderungen der Vernunft in jenem System mehr Rechnung als in irgend einem anderen christlichen getragen worden ist.

Swedenborg, den Goethe im zweiten Theile seines „Faust" als Pater Seraphicus auftreten läßt, glaubte durch seine Enthüllungen die Menschen wieder auf eine so erha-

bene Stufe zu bringen, daß sich die Geister angezogen fühlten,
mit ihnen in nähere, heilsame Verbindung zu treten. Doch
„süß ist das Wähnen, wär' es auch ein irriges", sagt Eu=
ripides. Weil sich nun in Swedenborgs Werken eine Masse
äußerst praktischer, vernunftgemäßer und geistreicher Ansichten
vorfindet, so ist es auch leicht zu erklären, daß sich unter
den Anhängern jenes „Sehers" verhältnißmäßig mehr Leute
von gediegener wissenschaftlicher Bildung befinden, als unter
denjenigen anderer Sekten und daß zur Verbreitung seiner
Lehren so viele gewandte Schriftsteller aufgetreten sind. Wir
führen hier nur die hauptsächlichsten an. Da ist z. B. Theo=
philus Parsons, der bekannte Professor der Jurisprudenz
am Harvard Collège und Verfasser einer großen Anzahl
rechtswissenschaftlicher Werke, der sechs oder sieben Bücher
über die Lehren der neuen Kirche, der er mit Leib und
Seele zugethan war, veröffentlichte; dann verdient Henry
James in Cambridge Erwähnung, der die gleiche Anzahl
Werke, von denen „Substance and Shadow" und „The
Secret of Swedenborg" die wichtigsten sind, im Dienste
jener Sekte schrieb; dann sind anzuführen der verstorbene
E. H. Snars, der zwar niemals officiell aus der Unitarier=
kirche ausgetreten, in seinen Schriften „Foregleams of
Immortality" und „Regeneration" aber swedenborgische
Ansichten vertrat; der populäre Chauncey Giles, der thätige
L. E. Mercur, Dr. W. H. Holcombe, ein homöopathischer
in New=Orleans lebender Arzt, der sich auch als gemüth=
voller Dichter im Süden einer gewissen Reputation erfreut;
E. A. Hitchcock, der Shakespeare's Sonette nach sweden=
borgischen Grundsätzen zu erklären suchte; W. B. Hayden,
der die Gefahren, welche die swedenborgianische Kirche von

seiten des modernen amerikanischen Spiritualismus bedrohten, abwehrte und schließlich der streitbare und immer schlagfertige B. F. Barrett in Germantown bei Philadelphia.

Barrett, der am 24. Juni 1808 zu Dresden im Staate Maine geboren ist und der in Cambridge Theologie studirte, trat im Jahre 1840, nachdem er vorher einige Jahre als Unitarierprediger gewirkt, zur Neuen Kirche über, in deren Interesse er in New-York, Cincinnati, Brooklyn, Philadelphia und mehreren anderen Städten pastorirte. Trotzdem er einer der Fruchtbarsten und fähigsten Schriftsteller der Swedenborgianer ist, so haben sich die leitenden Geister derselben doch nie so recht zu ihm hingezogen gefühlt, und ihm ihr durch Gott weiß welche Gründe hervorgerufenes Mißfallen oft in unverblümter Weise zu verstehen gegeben. Aber Barrett nahm den hingeworfenen Handschuh stets auf und fertigte seine Antagonisten gründlich ab, was natürlich den Frieden nicht sonderlich förderte, so daß er mehr als einmal Gelegenheit hatte, die Wahrheit des Platen'schen Spruches

> „Die Pfaffen necke Keiner,
> Weil sie unversöhnlich sind"

an sich zu erproben. Da er aber bei seinen Forschungen über das Leben und Treiben in der Geisterwelt die Anforderungen dieser Welt nicht außer Acht gelassen und sich durch Fleiß, Sparsamkeit und glückliche Spekulationen ein respektables Vermögen erworben hatte, so konnte er bei allen Anfechtungen ruhig und sorglos in die Zukunft blicken, weshalb er sich auch nicht im Geringsten einschüchtern ließ. Von seinen zahlreichen, in eleganter, einfacher Sprache geschriebenen Werken wollen wir hier nur die bedeutendsten anführen.

In „Catholicity of the New-Church, and Un-Catholicity of New-Churchmen" (New-York 1863) spricht er sich energisch und rückhaltlos über den verderblichen Sektengeist, den größten Fluch des Christenthums, aus; wie kein Ding in der Natur dem anderen mathematisch genau gleiche, so müsse man auch in Religionssachen die Ungleichheit des Glaubens anerkennen, damit die Liebe wieder das vereinigen könne, was der Haß bis jetzt getrennt habe. Wie die Natur, so soll auch die christliche Kirche Einheit in der Manigfaltigkeit sein und die Menschen sollen nicht nach ihrem speciellen Glaubensbekenntnisse, sondern nach ihren Thaten und ihrem Charakter beurtheilt werden. Den Swedenborgianern wirft er vor, daß sie, dem Geiste ihres Stifters zuwider, den Sektengeist beharrlich genährt, sich sogar im Privatleben von Andersdenkenden abgesondert und sich allein als die wahren Christen betrachtet hätten.

In den „Letters on the Divine Trinity" (4. Aufl. New-York 1873), die an Henry Ward Beecher adressirt sind, sucht er die swedenborgische Ansicht von der göttlichen Dreieinigkeit zu vertheidigen, was ihm schon deshalb sehr leicht gemacht ist, weil dieselbe denn doch viel glaubwürdiger ist, als die hergebrachte unsinnige Erklärung der alten Kirche. Gott Vater ist hier einfach die göttliche Liebe, Gott Sohn repräsentirt die göttliche Weisheit, die jener untergeordnet ist, weshalb auch Jesus von sich sagte, sein Vater sei größer als er, und der heilige Geist (Pneuma Hagion) ist, wie schon das Wort ausdrückt, keine Person, sondern nur eine Handlung, ein Ausströmen der Gottheit. Ob sich Beecher jemals in eine Beantwortung dieser klar vertheidigten Ansichten herabgelassen hat, können wir nicht sagen: so ganz leicht wird sie ihm jedenfalls nicht geworden sein.

„The Golden City" (Philadelphia 1874) bezieht sich auf das neue Jerusalem der Offenbarung Johannis, also auf eine biblische Schrift, die zu den verschiedensten Erklärungen Veranlassung gegeben hat. Dr. Adam Clarke sagt in der Vorrede seines Kommentars zu jenem Buche, daß er es nicht verstehe und die Verfasser aller anderen ihm bekannten Erklärungsschriften auch nicht mehr darüber wüßten als er. Aus ähnlichem Grunde unterließ bekanntlich auch Luther die Interpretation jenes Buches. Renan legt dem Buche bekanntlich in seinem „Antichrist" einen großen geschichtlichen Werth bei; der eigentliche „theologische Newton" der die Geheimnisse der Offenbarung Johannis endgültig entschleiert hat, ist nach Barrett natürlich Swedenborg gewesen.*) Nach demselben bezieht sich der Inhalt jenes biblischen Buches nicht auf irdische, sondern auf himmlische Dinge; eine zuverlässige Erklärung desselben konnte mithin nur von Gott selbst ausgehen und dieselbe hat er dann der suchenden Menschheit durch seinen schwedischen Diener zu Theil werden lassen. Seine Erklärung der Apokalypse ist also das unverfälschte Wort Gottes. Das neue Jerusalem,

---

*) Das traurigste Machwerk, das über jenen Gegenstand jemals dem Publikum dargeboten wurde, hat der deutsch-amerikanische Geistliche August Krüger („Aufklärung über die Offenbarung St. Johannis" Rock Island, Ill., 1880) geliefert. Der Verfasser, der nach Stil und Ausdrucksweise zu urtheilen, seine theologischen Studien theils auf dem Schusterstuhle und theils im Narrenhause gemacht haben muß, liest aus jenem Buche alle weltgeschichtlichen Ereignisse sogar bis zum letzten deutsch-französischen Kriege heraus!

das sich vom Himmel niedersenkt, ist die Vermählung der Menschenseele mit Gott, eine allgemeine Weltverbrüderung, die von keinem Sektengeiste getrübte Kirche Christi — eine Auffassung, die nach Barrett auch von Channing, Beecher, Simonds, Scudder, Vater Hyacinthe u. s. w. getheilt wird.

In „The New View of Hell" (Philadelphia 1878) berührt der Verfasser eines der heikelsten Themen der Offenbarungstheologie. Eine ewige Höllenstrafe, bestehend darin, daß man die „Seele" an der Zunge aufhängt, sie mit Skorpionen peitscht, in brennende Oelflüsse oder in geschmolzenes Blei wirft, stimmt natürlich schlecht mit Gott als dem Repräsentanten der ausgedehntesten Liebe zusammen; dem Charakter der Zeit aber, in welcher man solche Phantasien erschuf und Michel Angelo's Gemälde vom jüngsten Tag bewunderte, ist eine solche Vorstellung ganz und gar angemessen.

Nach Swedenborg ist nun die Hölle überhaupt kein Ort, sondern ein Zustand der vom Körper getrennten Seele, der noch die früheren bösen Eigenschaften ankleben. Der Mensch creirt sich also die Hölle selber und nicht Gott. Nach dem Gesetze, daß sich Gleich und Gleich gut gesellen, vereinigen sich die Seelen nach der Trennung vom Körper und bilden so auf der einen Seite den Himmel und auf der anderen die Hölle, die beide ewig sind. Doch hat die Güte Gottes dafür gesorgt, daß die schlechten Seelen ihren traurigen Zustand nicht erkennen, denn derselbe kann nur im „Lichte des Himmels" wahrgenommen werden, gerade so wie auf Erden der verkommene Mensch seine Verworfenheit erst dann recht fühlt, wenn er in die Gesellschaft edler Individuen gerathen ist. Die Brüder befinden sich also im

Jenseits nur in Gemeinschaft mit Ihresgleichen und die Hölle ist mithin für sie durchaus kein Ort der Qual. Sie werden zwar zuweilen von Gott bestraft, aber lediglich zu ihrem Besten, damit sie etwas vorsichtiger in der Ausführung ihrer schlimmen Absichten werden. Es sollen dort, mit einem Worte, gezähmte Tiger aus ihnen gemacht werden. Die Römisch=Katholiken sind nach Swedenborg die allerunheilbarsten Bewohner der Hölle, denn sie versuchen auch dort noch Jedem ihre unfehlbaren Ansichten durch Anwendung der scheußlichsten Grausamkeiten aufzunöthigen.

Das Werk „Swedenborg and Channing" (Philadelphia 1879) verfolgt den Zweck an zahlreichen Parallelstellen die Uebereinstimmung der Hauptlehren jener beiden Theologen nachzuweisen. Barrett deutet an, daß der Unitarierprediger zahlreiche Gedanken und Ansichten von Swedenborg entlehnt habe; aber dies bezieht sich nur auf solche Stellen, in denen beide den Anforderungen der Vernunft zu entsprechen suchen. Channing erwähnt Swedenborg in keinem einzigen seiner Werke und die Behauptung Barrett's, daß Ersterer mit den Schriften des Letzteren vertraut gewesen sei, wird durch E. Prabody in ihrem Buche „Reminiscencen of Wm. E. Channing" (Boston 1880) kurz und bündig auf Grund langjährigen persönlichen Umganges niedergelegt. Wo es sich um spezielle Unterscheidungslehren, wie z. B. das Dogma von der Hölle, handelt, hat Channing auch nicht das Allergeringste mit dem sonderbaren Schweden gemein.

Barrett hat im Allgemeinen wohl das Meiste in Amerika zur Verbreitung swedenborg'scher Ansichten gethan und ist sicherlich einer der tüchtigsten Vertreter derselben. Derjenige, den er nicht zu überzeugen vermag, ist überhaupt nicht zu überzeugen.

So weit die Sache uns persönlich angeht, haben wir dem Swedenborgianismus, wie allem Offenbarungsglauben das Wort des alten Römers „Ad impossibile nemo tenetur" entgegen zu halten.

# Ein neues Werk von James F. Clarke.

Das 1880 in Boston erschienene Werk des fruchtbaren James F. Clarke ist „Self-Education" betitelt und besteht aus einer Anzahl von Vorträgen über die physische, psychische und moralisch-religiöse Erziehung und Bildung. In der Einleitung sagt er, unsere Knaben besuchten die Schule von ihrem 7. bis zum 21. Jahre und in dieser Zeit sollten sie die Befähigung erlangt haben, irgend ein lateinisches oder griechisches Werk ohne Hilfe des Lexikons zu lesen; außerdem sollten sie zwei oder drei moderne Sprachen fließend lesen können! sie sollten fernerhin mit Geologie, Chemie, Physik, Astronomie, Botanik und der Nationalökonomie vertraut sein. Dieses Ziel aber werde nie erreicht und zwar deshalb, weil dem Unterricht überall das Naturgemäße fehle.

Clarke verlangt hier allerdings viel, ja viel zu viel; er muthet der Schule rein unmögliche Leistungen zu. Seine Bemerkungen über Erziehung und Unterricht sind hin und wieder recht treffend; aber bei alledem blickt doch überall der Umstand durch, daß der Verfasser kein praktischer Schulmann ist und mit der Leistungsfähigkeit der Schule nicht vertraut ist. Die Unterrichtsmethoden werden nur langsam vervollkommt; der Unterrichtsstoff ist allmälig zu solchen Dimensionen angeschwollen, daß der sogenannte Spezialunterricht früher begonnen werden muß, als bis jetzt geschehen ist. Unsere Zeit ist die Zeit der Spezialisten; die Alleswisserei verflacht und ist daher ein Uebel; jetzt heißt es, im kleinsten Punkte die höchste Kraft sammeln, wenn man nennenswerthe Leistungen erzielen will.

Clarke scheint vielfach das im Auslande überhaupt überschätzte deutsche Gymnasium als Vorbereitungs=Anstalt für das dem Spezialstudium gewidmete Universitätsleben als Ideal vorzuschweben; aber auch dieses leistet noch lange nicht, was von ihm verlangt wird. Allerdings wird auf deutschen Gymnasien das Lateinische und Griechische gründlicher betrieben, als auf mancher berühmten amerikanischen Universität; kein Abiturient wird aber trotzdem Clarke's Anforderungen befriedigen können.

Der Himmel möge uns übrigens dahier vor der Einführung eines Gymnasiums nach deutschem Muster bewahren, denn welche traurigen Folgen diese Anstalt durch die aller Vernunft Hohn sprechende Ueberbürdung des Schülers hervorgebracht hat, kann man, wenn man es glücklicherweise nicht an sich selber erfahren hat, der authentischen, auf statistischen Nachweisen beruhenden Urtheilen hervorragender Aerzte und Schulmänner entnehmen, wie sie z. B. in Dr. F. W. Fricke's epochemachenden Broschüre „Die Ueberbürdung der Schuljugend" (Berlin 1882) zusammengestellt sind. Die neue Welt aber, die doch in allen Dingen so ungemein praktisch ist, sollte der Jugend, der eine große Zukunft gehört, nicht eine so entbehrliche Last wie das Lateinische und

Griechische, deren Einfluß ja doch stets überschätzt worden ist, aufbürden. Daß Jemand ein tüchtiger Arzt oder Advokat sein kann, ohne daß er Jahre lang hinter der lateinischen Grammatik gesessen hat, davon kann man sich hier tagtäglich überzeugen; auch kann man ein weltberühmter Schriftsteller werden, ohne jemals den Cornelius Nepos im Urterte gelesen zu haben.

Ueber den degenerirenden physischen Einfluß des modernen Schulwesens hat Clarke manches Beherzigenswerthe zu sagen und er hat auch während seiner Thätigkeit als Schulinspektor Gelegenheit genug gehabt, in dieser Hinsicht Beobachtungen machen zu können. Neuengland, seine Heimath, ist das Land der schwindsüchtigen, bleichen, ätherischen Jungfrauen, die sich in der Schule gute Censuren erworben haben. Ein frisches, rothwangiges Mädchen kann sich da für Geld sehen lassen. Clarke ist daher ebenso stark für systematische gymnastische Uebungen und Bewegungen in der freien Natur eingenommen, wie sein Landsmann Higginson. Jeder Knabe soll den Gebrauch eines Handwerkszeuges erlernen und überhaupt in allerlei häuslichen Arbeiten bewandert sein, so daß er eine knarrende Thür in Ordnung bringen, eine geborstene Wasserröhre flicken, ein Pferd satteln und eine Kuh melken kann. Die Mädchen sollen sich natürlich der edlen Kochkunst befleißigen, eine Zumuthung, die schwerlich die Beistimmung der Bostoner Ladys finden wird. Die neuengländischen Großmütter saßen gemüthlich am Spinnrade oder strickten in ihren Mußestunden Strümpfe; ihre weiblichen Nachkommen jedoch befassen sich mit Kant und Hegel und verlangen, daß ihre Stimme im Congreß gehört werde.

Clarke will den Geist dadurch gesund machen, daß er erst den Körper gesund macht, was der gemüthreiche Feuchtersleben ebenfalls durch seine Schrift „Zur Diätetik der Seele" anstrebte.

Mit Recht verlangt Clarke eine größere Berücksichtigung der Individualität des Schülers, als es bisher nicht allein in Amerika, sondern überall der Fall gewesen ist. Sobald aber die strengen Schulgesetze einen gewissen Grad von Kenntnissen als zur Graduation unbedingt nöthig genau spezialisiren und so lange man die besondere Tüchtigkeit des Schülers in dessen Lieblingsfach nicht ein etwaiges Deficit in anderen Unterrichtsfächern ausgleichen läßt, wird die Ausführung des betreffenden Verlangens einfach zur Unmöglichkeit und die Schule wird für die meisten wie bisher eine Qualanstalt bleiben. Dadurch, daß die Schüler infolge der bestehenden Regulative alle sozusagen über einen Kamm geschoren werden, wird die Zahl der Schablonenmenschen, Duckmäuser und Kriecher beständig vermehrt und die frischen, frohen, freien und gesinnungstreuen Charaktere werden immer seltener.

In dem Kapitel über Selbsterkenntniß stellt Clarke alles Ernstes die Behauptung auf, daß die Phrenologie das zuverlässigste Mittel sei, sich über seine Fähigkeiten und Neigungen zu informiren; jeder Schüler sollte daher phrenologisch untersucht werden, was auch der New-Yorker John Heder in seinem Werke „The Scientific Basis of Education" nachdrücklich befürwortete. Wären die Lehren der Phrenologie wirklich über alle Zweifel erhaben, so sollte unbedingt eine jede Stadt einen offiziellen Schädeluntersucher anstellen, der dann zu konstatiren hätte, ob ein Schüler

zum Studium der Astronomie oder des Kuhmelkens bestimmt
sei. Das Clarke'sche Pensum würde sich alsdann als Hirn=
gespinnst erweisen und die Individualität in ihre naturge=
mäßen Rechte eingesetzt werden.

Ueber die Erziehung des Gewissens hat Clarke einige
treffliche Worte zu sagen. Käme der Teufel zu uns und
offerirte uns alle Pracht und Herrlichkeit der Welt für unsere
Seele, so würden wir sicherlich entrüstet ausrufen: „Hebe
Dich weg, Satan!" Aber der Teufel kommt heutigen Tages
nicht mehr persönlich zu uns, um unsere Seele durch blutige
Namensunterschrift zu verlangen; er tritt nicht mehr mit
Pferdehuf und spanischem Mantel auf, sondern er naht sich
uns in Gestalt der Sucht nach Gelderwerb, und raunt einem
Jeden in's Ohr: „Siehe, im Geschäfte darf man es nicht
so genau nehmen, denn durch skrupulöse Gewissenhaftigkeit
geht ein jedes Unternehmen zu Grunde!" Die ehrlichen
Männer passen nicht mehr in die heutige Zeit, sie sind zu
unpraktisch. Wer vorwärts kommen will, muß vor allen
Dingen „smart" sein. Wer seinem Nachbar nächtlich in's
Haus bricht und ihm seine Werthsachen raubt, ist ein Dieb
und wird als solcher bestraft; wer aber das Volk vermittelst
käuflicher politischer Ringe betrügt oder wer es versteht, die
Aktien eines faulen Unternehmens in die Höhe zu treiben
und ihnen einen lohnenden Markt zu verschaffen, der ist ein
schlauer, „smarter" und brauchbarer Geschäftsmann, den man
anstatt in's Zuchthaus in den Congreß schickt, damit er einen
größeren Wirkungskreis findet.

Die Liebe zum Gelde wird von Clarke übrigens nicht
als die Mutter aller Uebel hingestellt. Reich sein heißt:
ein schönes, geräumiges, mit allen modernen Verbesserungen

versehenes Haus besitzen, schöne Kunstwerke und eine herrliche Bibliothek haben, dann und wann eine lehr- und genußreiche Reise thun und im Sommer ein Seebad besuchen; aber es heißt auch: Hospitäler gründen, Armenhäuser unterstützen, Schulen bauen und Kirchenschulden tilgen. Die Liebe zum Gelde ist die Mutter der Klugheit, der Sparsamkeit, des Fleißes und der Geschicklichkeit

Clarke's „Self-Education" ist im Allgemeinen ein Buch voll nüchterner, praktischer Gedanken. Wenn in allen Kirchen Vorträge wie diese gehalten würden, so brauchten sich die Geistlichen nicht mit der Untersuchung der Frage zu beschäftigen, weshalb die christliche Predigt ihre Anziehungskraft verloren habe.

# Johannes Ronge.

Vor einigen Jahren starb zu Döbling bei Wien ein Mann, der eigentlich schon seit einem Menschenalter den Todten zugezählt worden ist — Johannes Ronge nämlich, der Begründer des sogenannten Deutsch-Katholicismus, welcher Mitte der vierziger Jahre eine Zeitlang viel Staub aufwirbelte und die Macht des Papstthums vorübergehend zu erschüttern drohte.

Es war im Jahre 1844. Wie ein Alp lastete der politische wie religiöse Druck auf den Gemüthern, und um der gläubigen Christenheit ein segensreiches Zeichen der Gnade zu geben, stellte der Trierer Bischof Arnoldi den heiligen Rock zur allgemeinen Verehrung aus. Von allen Kanzeln wurde auf diese neue Heilsbotschaft aufmerksam gemacht und fünfmalhunderttausend Menschen strömten nach Trier, um ihre Sünden, ihre Gebrechen und ihr Geld loszuwerden. Die Behauptung einiger Forscher, daß die Trierer Reliquie unecht sei, sowie die Aufzählung der vielen anderen echten Röcke Christi, machte nicht den geringsten Eindruck auf die Gläubigen.

In dem seltenen Buche „The Reformation of the Nineteenth Century" (London 1852) heißt es auf Seite 10: „I waited eighteen months preparing myself for an opportunity to take the initiative aginst the triumphant Roman Hierarchy." Dies schreibt der 1813 zu Bischofswalde in Schlesien geborene Johannes Ronge, welcher 1840 Priester geworden, aber schon zwei Jahre später wegen eines freisinnigen Artikels über „Rom und das Breslauer Domkapitel" aus seiner Stellung hinausgemaßregelt worden war. Ruhig war er darauf nach Laurahütte gegangen, hatte sich dort mit Schriftstellerei und Schulmeisterei nothdürftig ernährt und so nach seiner Angabe die Gelegenheit abgewartet, um den Kampf gegen das Papstthum zu beginnen.

Diese Gelegenheit wurde ihm nun durch die Ausstellung des heiligen Rockes in Trier gegeben und der Brief, den Ronge damals an den Bischof Arnoldi schrieb, fiel wie ein zermalmender Donnerkeil in die Reihen der Strenggläubigen. Derselbe erschien zuerst in den „Sächsischen Vaterlandsblättern" und da der betreffende Censor ein liberaler Mann war, so wurde er auch ohne die geringste Aenderung veröffentlicht und machte bald in unzähligen Separat-Abdrücken die Reise über die ganze Erde. Das Schlagwort „Sein Rock gehörte seinen Henkern" wurde überall vernommen, und man begrüßte in Ronge den Reformator des neunzehnten Jahrhunderts so stürmisch, daß sich dieser zuletzt selber für einen großen Mann hielt und an diesem Glauben schmählich zu Grunde ging. Es war ihm plötzlich eine weltgeschichtliche Rolle zuertheilt worden, doch fehlte es ihm zur erfolgreichen Uebernahme auch an Allem — an gründlicher wissenschaftlicher Bildung, an Umsicht und Organisationstalent, hauptsächlich aber an einer heilsamen Selbsterkenntniß

Nach Veröffentlichung seines geharnischten Briefes wurde er aus seinem bescheidenen Wirkungskreise zur Laurahütte verdrängt und trat nun seine lärmende Rundreise durch Deutschland an. Er fand begeisterte und opferbereite Zuhörer und die deutsch-katholischen Gemeinden schossen gleichsam wie Pilze aus dem Boden, um nach wenig Jahren wieder zu verschwinden. Man sang ihn an, überreichte ihm silberne Lorbeerkränze und kaufte seine autobiographische „Rechtfertigung" (Jena, 1845) centnerweise. Aber auch seine Feinde legten die Hände nicht müßig in den Schooß Die frommen Bewohner von Neisse und Grottkau begrüßten den Pseudo-Reformator mit Steinen und Knüppeln; an einigen Orten Bayerns empfing man ihn mit Aexten und Dreschflegeln und in Mainz hatte man ihm ein kaltes Rheinbad zugedacht.

Auch die verschiedenen Regierungen regten sich allmälig, nahmen Ronge und seinen Anhängern gegenüber Stellung. Preußen, das diese neue religiöse Bewegung Anfangs durch Stillschweigen gefördert hatte, untersagte Ronge das Reden innerhalb seiner Grenzen und entzog den durch seinen Einfluß entstandenen Gemeinden das Korporationsrecht. Ronge, der sich in diese Eingriffe in seine vermeintlichen Rechte nicht fügen wollte, wurde durch eine vierwöchentliche Gefängnißhaft an die Allmacht der Herren von Gottes Gnaden und zugleich an seine eigene Ohnmacht erinnert.

So kamen die Jahre 1848 und 1849. Auch Ronge träumte den allgemeinen Freiheitstraum in des Wortes eigentlicher Bedeutung. In seiner ziemlich unbekannt gebliebenen Broschüre „Die Ursache meiner Verbannung" (London 1860) schreibt er:

„Jetzt, im Jahre 1849, als ich die Pfalz und Baden verlassen, um nach dem Norden zu gehen, drückte mich das nahende Unglück Deutschlands so gewaltig nieder, daß ich mich mit aller Kraft aufrichten mußte und mit Aengsten nach einer Lösung aussah. Das Parlamentsheer stand in Baden, und näher kam der entscheidende Kampf. In diesem Zustande deutete mir ein charakteristisches Traumbild, was bevorstände. Ich fand mich an einer Art Teich stehend, der wenig Wasser, aber viel Schlamm hatte, und darin war allerlei eckelhaftes Gethier. Neben mir, in einer Entfernung von etwa sechs Schritten, stand eine Frau mit einem jungen Kinde auf den Armen. Sie sah, nichts Schlimmes ahnend, in den Teich, so wie ich, als eines der Thiere im Nu zu einem riesenhaften Krokodil anschwoll und das Kind mit grinsender Wuth in seine furchtbaren Zähne nahm. In demselben Augenblicke stieß ich ihm eine eiserne Lanze, die ich in der Hand hatte, in den Leib, daß das Blut herausquoll. Es grinste mich mit seinen racheglühenden, kleinen Augen an und verschwand. Das war das Symbol der Reaktion, die Deutschlands junge Freiheit mordete, und der eiserne Speer ist das Symbol der eisernen Macht des sittlichen Gesetzes der Geschichte, dem diese Reaktion erliegen muß."

Ronge dachte diesem riesenhaften Ungethüme von Hamburg aus die tödtliche Lanze in den Bauch zu stoßen und that dieses in Gestalt eines schwulstigen Protestes an den damaligen König von Preußen. Dieser Protest, der, wie Ronge selbst mittheilt, von Vielen, wenn nicht für eine vollständige Thorheit, so doch für eine jugendliche Uebereilung gehalten wurde, war aus der Offizin des Buchdruckers Köbner in Altona hervorgegangen, was derselbe mit einer zehnjährigen Zuchthausstrafe zu büßen hatte. Dies und die schleunige Flucht Ronge's aus Deutschland waren die einzigen Wirkungen dieser Epistel.

Ronge eilte nun nach Belgien, wo man ihn jedoch nicht öffentlich auftreten ließ; in Frankreich erging's ihm ebenso, und Napoleon beehrte ihn außerdem noch mit einer Ausweisung, so daß er sich 1850 nach England flüchtete.

Der Nimbus, welcher bisher seinen Namen umgeben hatte, war so gut wie spurlos verschwunden, ohne daß es Ronge selber merkte, trotzdem er doch täglich auf Schritt und Tritt daran erinnert wurde. Noch immer betrachtete er sich als das auserwählte Rüstzeug der göttlichen Vorsehung, und hielt jede Wendung seines Schicksals für eine durch die moralische Weltordnung vorher bestimmte. In seiner Schrift „Antworten auf russische und römische Lügen" (London, 1856) stellt er es als seine heiligste Pflicht hin, Deutschland zu verlassen, um unter anderen Völkern als Vertreter des Humanitätsprincipes zu wirken. Nach seiner Ansicht war gerade England mit seinem ausgedehnten Weltverkehr der geeignetste Ort für die neue Reformation; Dampfboote und Telegraphen sollten sein Evangelium nach allen Richtungen der Windrose tragen und London mit seinen drei Millionen Einwohnern sollte der Stapelplatz geistiger Waaren werden. Seinen ursprünglichen Plan, nach

Amerika zu gehen, gab er nun auf, und da sich inzwischen die geschiedene Frau eines Hamburger Fabrikanten mit ihm vereint und ihm ein bedeutendes Vermögen zugebracht hatte, so konnte er also sorgenfrei an die Verwirklichung seiner Pläne gehen.

Jene Verheirathung hatte damals viel Staub aufgewirbelt und den Verehrern des Klatsches Stoff zu allerlei gehässigen Angriffen gegeben. Ronge erwiderte darauf stolz in seiner oben angeführten Schrift: „Ich behaupte, die Mehrheit der jetzigen Generation kann die Idee, die mich geleitet hat, wenig oder gar nicht verstehen, weil sie die Religion der Humanität nicht versteht!

Als Luther eine Nonne heirathete, riefen die katholischen Geistlichen triumphirend durch Europa: „Seht, das war das sittenlose Motiv seines Abfalls von der Kirche; er hat ein doppeltes Gelübde gebrochen, ein doppeltes Verbrechen begangen!" Was aber sagen die großen Geschichtsschreiber und Philosophen unserer Zeit von seiner Ehe mit der Nonne? Sie sagen, Luther mußte des höheren Sittlichkeitsprincipes und der Heiligkeit der Ehe wegen heirathen und die Mönchs- und Nonnenklöster öffnen!

Viele meiner Freunde meinen, ich hätte wohl heirathen können, aber nur keine geschiedene Frau, weil dies den Gegnern unserer Sache Mittel an die Hand gebe, uns zu verläumden. O wie schwach! Mögen sie sich doch einmal die Frage stellen, ob ich der Verläumdungen wegen eine Frau hätte heirathen sollen, die nicht in Harmonie mit mir und nicht im Stande gewesen wäre, die schweren Kämpfe des Exils mit mir zu theilen? Unsere bedeutendsten Psycho-

logen haben klar nachgewiesen, daß nur eine wirkliche Har=
monie zwischen Mann und Frau stattfinden und daß somit
ein Mann mit einer Frau eine wahre Ehe eingehen
könne. Was würde wohl das Resultat gewesen sein, wenn
ich nur nach Rang oder Geld und ohne jene sittliche Har=
monie und Liebe geheirathet hätte? In der That, ich wäre
nicht im Stande gewesen, das auszuführen, was ich in
England durch meine eigene Kraft und ohne die geringste
Unterstützung der Deutschkatholiken für die humane Refor=
mation erreicht habe."

Um auf englischem Gebiete wirken zu können, machte
sich Ronge daran, die Sprache des Landes zu studiren und
dann, nachdem sein Versuch, unter den Deutschen London's
eine freie Gemeinde zu gründen, fehlgeschlagen war, die
Engländer für seine Reformen zu gewinnen, wozu ihm das
Werkchen „The Reformation of the 19th Century",
in dem er mit dem widerwärtigsten Eigendünkel sein bis=
heriges Wirken schildert, den Weg bahnen sollte. Doch auch
dieses Unternehmen machte elendiglich Fiasko, was Ronge
jedoch nicht hinderte, einen offenen Brief an seine Freunde
in Deutschland zu richten, in dem er die herrlichen Aussichten
der Reformbewegung, der sich sogar ein Sohn oder Verwand=
ter Palmerston's geneigt zeige, in den rosigsten Farben
schilderte und — zugleich um milde Beiträge bettelte, damit
in London das Hauptquartier der Humanität für alle Zei=
ten fest gegründet werden könne. Doch dieses Rundschreiben
blieb ohne Antwort, nur Dr. Brugger, der Heidelberger
Deutschkatholik, drückte im Wiesbadener „Sonntagsblatte"
seine Verwunderung darüber aus, daß Ronge bei den armen
deutschen Gemeinden, die sich selbst nur mit der größten

Anstrengung über Wasser hielten, noch für das reiche England Unterstützung suchte, wo doch, seinem eigenen Berichte nach, so einflußreiche Leute für diese Sache begeistert wären.

Nicht mit Unrecht machte der Freisinnige Friedrich Albrecht, Redakteur der „Kirchenfackel" in Ulm, damals die Bemerkung, daß Ronge seit mehreren Jahren so gut wie gar nichts für den Deutsch-Katholicismus gethan und auf denselben auch keinen Einfluß mehr ausgeübt habe. Doch da donnerte ihm Ronge entgegen: „Die humane Reformation hat von Laurahütte bis London doch sicherlich einen Fortschritt gemacht. Wenn die römischen Pfaffenblätter und Kosaken-Journale, wie die Kreuzzeitung, triumphiren über meine Abwesenheit von Deutschland, und wenn sie meine Mitarbeiter fragen, wo ich sei, so mögen sie ihnen nur antworten, daß ich damit beschäftigt wäre, eine Armee von Humanisten zu organisiren, die einst durch die Kraft ihrer geistigen Ueberlegenheit, durch ihre höhere Kultur sowohl wie durch äußere Macht die pfäffischen und russischen Sclavenhäuser, die geistigen Lügen- und Heuchlerburgen und der Czaren Raubnester in tausend Trümmer schlagen wird!"

Doch diese „Armee der Humanisten" existirte vorläufig nur im Gehirne Ronge's.

Frau Ronge hatte sich mit großem Geschick in das Fröbel'sche Kindergartensystem hineingearbeitet, und da sie eine begabte und beliebte Lehrerin war, so ist es ausschließlich ihrem Wirken zu verdanken, daß der Ronge'sche Kindergarten wirklich Jahre lang bestand, und insofern von hoher Bedeutung war, als er die Engländer für die Fröbel'schen Principien begeisterte. Der von ihr und ihrem Johannes herausgegebene „Practical Guide to the Kindergarten-System" ist lange Zeit das einzige ausführliche Werk gewesen, das in englischer Sprache über das betreffende Thema publicirt worden ist. Es wurde von der Kritik äußerst günstig aufgenommen.

Eine deutsche Privatschule, deren Gründung Ronge gewaltig ausposaunt hatte, war nur von kurzer Dauer und zählte in ihrer Glanzperiode noch nicht einmal zwei Dutzend Schüler. Eine von ihm gegründete Vierteljahrsschrift kam nicht über die erste Nummer hinaus und die wenigen Freunde, die Ronge bisher noch besessen hatte, kehrten ihm den Rücken, wofür er Jedem androhte, ihm in der noch zu schreibenden Geschichte seiner Verbannung ein Denkmal zu setzen.

Ronge sehnte sich von Tag zu Tag mehr nach Deutschland zurück und fand es sogar in seiner Schrift „Ursache meiner Verbannung" für unverzeihlich, daß ihn das deutsche Volk nicht schon längst zurück verlangt habe, und daß er der Thätigkeit für sein Vaterland so lange beraubt gewesen sei. Und doch hatte er früher geprahlt, daß von Laurahütte nach London ein großer Schritt und daß seine Anwesenheit in England für die humane Sache unbedingt nöthig sei!

Als König Friedrich Wilhelm IV. starb und den politischen Verbrechern Amnestie gewährt wurde, war Ronge der erste, der davon Gebrauch machte und nach Deutschland zurückkehrte. Zuerst wandte er sich nach Breslau, woselbst ihm seine Anhänger und Freunde aus früherer Zeit einen feierlichen Empfang bereiteten und ihn die Obrigkeit darauf wegen Beleidigung der katholischen Kirche auf vier Wochen ins Gefängniß schickte. Gar zu gerne hätte er sich der kleinen deutsch-katholischen Gemeinde als Prediger aufgezwungen, allein man kam bald hinter seine Intriguen und zog sich daher von ihm zurück. Aehnlich erging es ihm zu Frankfurt a. M. und mehreren anderen Orten, die er mit seiner Gegenwart beehrte. Sein Projekt, eine deutsche Nationalkirche zu gründen, hatte dasselbe Schicksal wie alle seine bisherigen Pläne. „Der Held der jauchzenden Phrase", wie ihn Bruno Bauer einst nannte, hatte seine Rolle vollständig ausgespielt.

# Goethe-Werther-Erinnerungen.

Die Zeit der krankhaften, überschwenglichen Sentimentalität, in der man keine höhere Ehre kannte, als den „schönen Geistern" zugezählt zu werden, ist glücklicherweise vorüber und die Dokumente jener thränenreichen Epoche sind uns allmälich unverständlich geworden. Wer heutigen Tages noch solche Briefe verfaßt, wie z. B. die schöne Marchesa Bronconi an den durch seine „physiognomische Hetzerei" bekannten Lavater schrieb, in dem sie unter anderem den Passus gebrauchte: „Seele meiner Seele! Dein Taschentuch, deine Haare sind für mich, was für dich meine Strumpfbänder!" — wer jetzt, wie Goethe, nachdem er sich doch schon von seiner Wertherstimmung erholt hatte, an Fritz Jakobi schrieb: „Du hast gefühlt, daß es mir Wonne war, Gegenstand deiner Liebe zu sein. Gute Nacht! Ich schwebe im Rauschtaumel, nicht im Wogensturm", dem würde man ernstlich anrathen, einmal schleunigst einen Spezialarzt für Psychiatrie zu konsultiren.

Und doch war diese Zeit, in der man noch die Folter

anwandte und in der Fürsten ihre Unterthanen wie das liebe Vieh auf die Schlachtbank lieferten, auch die Zeit, in der Gluck seine „Iphigenie in Aulis" komponirte, Lessing seine „Emilia Galotti" verfaßte und sich Goethe von der auch ihn mächtig ergriffenen düsteren Stimmung durch die Veröffentlichung seines Romanes „Werther's Leiden" befreite. Dieses Buch, das er, wie er selbst eingesteht, gleich einem Pelikan mit seinem Herzblute genährt hatte, verlieh nur der damaligen Zeitstimmung solchen mustergültigen Ausdruck, daß es bald in Aller Hände war und den Namen des Verfassers, trotzdem die erste Ausgabe ohne denselben erschienen war, in die entferntesten Weltgegenden trug.

Jeder fühlte ein Stück von einem Werther in sich; wer sonst keinen Freund hatte, folgte der Mahnung Goethe's und machte dies Büchlein zu seinem vertrauten Tröster, der ihn aber oft genug in trostlose Ossianische Nebelgegenden, aus denen nicht Alle den Rückweg glücklich wieder fanden, führte. Man hielt „Werther's Leiden" aus Unverständniß für eine Vindikation des Selbstmordes, die besonders wenig Jahre vorher Rousseau in seiner Heloise versucht hatte, in welchem Romane der Held St. Preux einfach die von dem Schweden Robeck entwickelten Gründe für die Berechtigung der Selbstentleibung weiter ausführte. Das Schlimmste war, man verachtete die spätere Warnung Goethe's, ein Mann zu sein und Werther nicht nachzufolgen und trotzdem man bald ausfand, welche beiden Personen eigentlich hinter diesen Helden verborgen waren, so folgte man lieber dem unglücklichen Jerusalem als dem jungen Goethe, der, nachdem er seine Wetzlarer Sommeridylle ausgelebt hatte, wieder frisch eine neue Liebschaft anknüpfte und sich fragte:

„Soll ich das Leben hassen
In Wüsten fliehn,
Weil nicht alle Blütenträume reiften?"

Die Wahrheit des alten Volksliedes:

„Und wenn zwei Knaben,
Ein Mädchen lieb haben,
Das thut ja niemals nicht gut."

erprobte er späterhin noch mehrfach an sich, ohne daß er von einer Wertherstimmung merklich heimgesucht wurde.

Durch die Publikation seines Romans eroberte er sich die gesammte Leserwelt aller civilisirten Nationen im Sturme und er befreite sich zugleich für immer von dem Drucke einer auf allen zartbesaiteten Herzen lastenden krankhaften Sentimentalität. Es ging ihm wie Heine's kleinem Kinde:

„Wenn die Kinder sind im Dunkeln
Wird beklommen ihr Gemüth;
Und um ihre Angst zu bannen
Singen sie ein lautes Lied.

Ich, ein tolles Kind, ich singe
Jetzo in der Dunkelheit;
Klingt das Lied auch nicht ergötzlich,
Hat mich's doch von Angst befreit!"

Wetzlar war im vorigen Jahrhunderte oft Zeuge der sonderbarsten Sympathien, die man dem vielbeweinten Schatten widmete. Man veranstaltete nächtliche Prozessionen nach dem in der Nähe des Wildbacher-Brunnens gelegenen, von den Goethe-Verehrern gewöhnlich „Werther's Brunnen" genannten Friedhofe, marschirte mit brennenden Wachskerzen in der Hand um Jerusalem's Grab, sang das Lied „Aus-

gelitten haſt du, ausgerungen" und dann trat gewöhnlich
ein Redner auf, der dem unglücklichen Ende des jungen Se=
kretärs paſſende Worte widmete und in dieſem Ausnahme=
falle den Selbſtmord entſchuldigte. Und an dieſen Prozeſ=
ſionen nahmen nicht etwa liebeskranke Mädchen oder in ihren
Hoffnungen getäuſchte Jünglinge theil, ſondern man ſah
darunter auch viele hohe Beamte des Reichskammergerichtes;
trotzdem aber machte die ſtädtiſche Obrigkeit dieſen äſthetiſchen
Walpurgisnächten durch ein ernſtliches Verbot ein baldiges
Ende.

Trotzdem man in England damals die deutſche Sprache
und Literatur äußerſt wenig, ungefähr ſo wie jetzt die ruſ=
ſiſche kultivirte und man z. B. einem Coleridge ſeine Vor=
liebe für deutſche Philoſophie arg verdachte, ſo ward Goethe's
Erſtlingsroman doch bald in jenem Inſelkönigreiche ein=
heimiſch; es erſchienen zahlreiche, dem engliſchen Geſchmacke
angepaßte Bearbeitungen und die den Kontinent bereiſenden
Söhne Albions vergaßen es niemals, Wetzlar und das be=
nachbarte Wahlheim reſp. Garbenheim zu beſuchen und die
im „Werther" geſchilderten Bäume einiger Zweige zu berau=
ben. Von der alten Bambergerin im letztgenannten Dörf=
chen, die im neunten Briefe des „Werther" einfach „die junge
Frau" genannt wird und die Goethe um einige Jahre über=
lebte, ließen ſie ſich des Dichters Stuhl und Trinkglas zeigen
und gaben ihr dafür mehr Gulden als ſie und die Dorf=
jugend jemals Kreuzer von dem jungen Praktikanten des
Reichskammergerichts erhalten hatte.

Natürlich ließen ſich auch die Fremden das Grab des
Pſeudo=Werthers zeigen und der Todtengräber war wegen

der Stelle niemals verlegen. Wo sich dasselbe eigentlich befindet ist nicht mehr mit Bestimmtheit anzugeben; das Kirchenbuch der evangelischen Gemeinde Wetzlar berichtet einfach: „Herr Karl Wilhelm Jerusalem — starb den 30. Oktober 1772 durch einen tödtlichen Schuß. Begraben eodem in der Stille," über den Begräbnißplatz aber enthält es keine Silbe. Unstreitig hat man seinen Ueberresten in der Mitte des Kirchhofes, in dem sich damals eine Vertiefung befand, in die man gewöhnlich die Leichname armer Dienstboten, Handwerksburschen und sonstiger geringer Leute beerdigte, den letzten Ruheplatz angewiesen und sie dicht neben der Mauer, die den untern von dem obern Kirchhof trennt, beigesetzt. Diese Vertiefung wurde aber späterhin durch Schutt, der aus dem großen Brande stammt, welcher Wetzlar in den 70er Jahren heimsuchte, ausgefüllt, wodurch dann die Wertherschwärmer, die allerdings in der Neuzeit numerisch klein geworden sind, gezwungen sind, ihre sentimentale Andacht an dem Orte zu verrichten, den ihnen der Todtengräber für Geld und gute Worte zeigt.

Nach einer anderen Tradition sollen jedoch Jerusalems Gebeine in Garbenheim verscharrt worden sein. Das jetzige in der Nähe des dortigen Wertherplatzes befindliche Wirthshaus war nämlich früher der Landsitz eines Prokurators des Reichskammergerichts gewesen und dieser Beamte hatte zur Erinnerung an das tragische Schicksal Jerusalems in seinem geräumigen Garten unter Bäumen einen Grabhügel errichten und darauf eine Urne stellen lassen, welch' letztere im Jahre 1813 von einem russischen Generale weggenommen und nach Rußland geschickt wurde. Dies war die äußere Veranlassung zu dieser albernen Tradition, die aber dem späteren spekulativen Wirthe manchen Gulden von den an Geld reichen, an literarischen Kenntnissen aber armen Goethe-Verehrern eingebracht hat.

Dr. Paul Wigand, ein nun verstorbener Wetzlaer Alterthumsforscher, der auch unter dem Pseudonym „W. Hesse" einige herrliche, aber wenig bekannte Novellen und Idyllen veröffentlicht hat, erzählt in Lewald's „Europa" vom Jahre 1839 Folgendes: Im vorigen Jahre kamen vier junge Engländer mit einem deutschen Begleiter nach Garbenheim. Sie verglichen Garten und Haus mit einem mitgebrachten Bildchen und ließen sich alsdann, überzeugt von der Richtigkeit des Platzes, nach dem Grabhügel führen. Schweigend und feierlich umgingen sie ihn, und forderten fünf Flaschen Wein mit fünf Gläsern. Unter begeisterten, den Namen Werthers geweihten Trinksprüchen wurden die Gläser geleert, der Rest der Flaschen wurde auf das Grab gegossen. Sie zogen blanke Dolche hervor, stellten sich im Kreise um den Hügel, und einer hielt eine Rede, wovon der Wirth freilich nichts vermelden konnte: er lachte aber herzlich, und bedauert zugleich den närrischen Einfall, den guten Wein da auszugießen, den sie doch wenigstens hätten sollen stehen lassen, daß ein anderer durstiger Mensch ihn hätte trinken können. Jene fünf besuchten auch die Kirche und den Lindenplatz, und hinterließen durch großmüthige Geschenke ein freundliches Andenken. Beinahe wäre es indeß noch im Garten zu einem Handel gekommen, denn als nachher bei ruhigem Gespräch die Frage aufgeworfen wurde, was sich wohl in dem Grabe befinden möge, äußerte ein anwesender Bergmann, er wollte nächstens einmal auf dieser Stelle schürfen, und werde dann sehen, was sich noch vorfände.

Sogleich zogen die Fremden ihre Dolche und geriethen über eine solche Barbarei dermaßen in Zorn, daß der Bergmann es für gerathen hielt, sich schleunigst zu entfernen."

Das Dörfchen Garbenheim befindet sich eine halbe Stunde von Wetzlar; außer der breiten Chaussee führen noch sechs Landwege dahin, welche, da sie über Hügel gehen, die reizendste Aussicht auf das Lahnthal gewähren. Goethe, der gewöhnlich seinen Weg dahin durch das Wildbacherthor, dem Wildbacherbrunnen — jetzt auch oft Wertherbrunnen genannt — entlang nahm, schreibt über Garbenheim in „Werther's Leiden":

„Die Lage an einem Hügel ist sehr interessant, und wenn man oben auf dem Fußpfade zum Dorfe hinausgeht, übersieht man auf einmal das ganze Thal. — Eine gute Wirthin, die gefällig und munter in ihrem Alter ist, schenkt Wein, Bier, Kaffee, und was über Alles geht, sind zwei Linden, die mit ihren ausgebreiteten Aesten den kleinen Platz vor der Kirche bedecken, der ringsum mit Bauernhäusern, Scheuern und Höfen eingeschlossen ist. So vertraulich, so heimlich habe ich nicht leicht ein Plätzchen gefunden, und dahin laß ich mein Tischchen aus dem Wirthshause bringen und meinen Stuhl, und trinke meinen Kaffee da und lese meinen Homer."

Von den beiden hier erwähnten Linden steht keine mehr; eine derselben hat sich mühsam bis zum Jahre 1849 erhalten und mußte, damit sie das auf diesem Platze in jenem Jahre stattgefundene Fest zur Erinnerung an den hundertsten Geburtstag Goethe's noch aushielt, mit Stangen und Ketten gerade gehalten werden. Die wenigen Zweige, die sie damals noch besaß, wurden von den Besuchern des Festes mitgenommen und wenige Tage darnach wurde sie gefällt und an den Meistbietenden versteigert.

Betreffs des Jerusalem-Grabes zu Garbenheim wurde mir vor langen Jahren an Ort und Stelle folgende Geschichte erzählt:

Der Dorfwirth, namens Kinkler, hatte es einst fertig gebracht, einige Russen zu überreden, daß der erwähnte Hügel seines Gartens wirklich Jerusalem's Gebeine berge; dafür überredeten ihn diese nun, gegen klingende Münze die Gruft aufgraben zu lassen, und da jener Wirth zum Geldverdienen stets bereit war und gerne Alles selber in seine Tasche steckte, so holte er Hacke und Spaten und begab sich an die Arbeit. Nachdem er mehrere Fuß tief gegraben hatte, fand er auch wirklich einige Knochen, welche jene Fremden als Werther-Reliquien mit sich fortnahmen; in Wahrheit jedoch waren es die Knochen eines Hundes, den der geldsüchtige Wirth einige Jahre vorher dort verscharrt hatte.

Als sich im Jahre 1849 die Verehrer des deutschen Dichterfürsten anschickten, das hundertste Geburtstagsfest desselben würdig zu begehen, wurde auch in Wetzlar, wo er vier bedeutungsvolle Monate seines Lebens zugebracht hatte, von Offizieren, Gerichtsbeamten, Gymnasiallehrern und Künstlern, eine Gedenkfeier arrangirt. Der Festzug bewegte sich am Vormittage hinaus an den Wertherbrunnen, woselbst der Medizinalrath Paulizky die offizielle Rede hielt und am Nachmittag ging es hinaus nach dem Dörfchen Garbenheim, woselbst das kleine, mit jungen Linden umpflanzte Denkmal, das die Inschrift trägt: "Ruheplatz des Dichters Goethe.

Zu seinem Andenken frisch bepflanzt bei der Jubelfeier am 28. August 1849," feierlichst eingeweiht wurde. Der bereits erwähnte Dr. Paul Wigand hielt bei der Enthüllung die Festrede, aus der wir folgende Worte hier eine Stelle finden lassen wollen:

„Wir aber sind bescheiden hier versammelt
Auf diesem Raum, im kleinen Dörfchen,
Wo einst der Dichterjüngling schwärmend sann
Auf alles Große, was die Brust bewegt.
Wo eine zarte Liebe ihn begeistert,
Ein zartes Bild, das er im Busen trug;
Wo er die Leier stimmte zu Akkorden,
Die bald in aller Herzen wiedertönten.
Hier ist der Platz; da standen sie, die Linden,
Die schattenreichen, die er aufgesucht,
Sich labend an homerischen Gesängen. —
Sie sind verwelkt; wir pflanzen heute neue,
Und hoffen, daß sein Geist, mit leisem Flüstern,
Noch einst durch die geweihten Wipfel wehe.

Dort steht die ländliche, bescheidene Hütte
Im dunklen Grün, wo einst das junge Weib,
Das uns der Dichter selbst so heiter schilderte,
Geschäftig ihm den Sessel und den Tisch,
Erfrischung reichend, in den Schatten rückte —
Auch sie ist hingewelkt, nachdem sie oft
Den Söhnen noch erzählt von Werther's Zeiten.

So wechselt Alles; Blühen, Leben, Welken;
Ein Kommen, Gehen! Wie ein buntes Spiel
Zieh'n die Erscheinungen der Lebensbilder
Im raschen Flug vorüber und verwehen!"

Nach Beendigung der Festrede sangen die Kinder der Dorfschule das Goethe'sche Lied „Sah ein Knab ein Röslein stehn" und Wigand berichtet, daß es „recht rührend und lieblich" geklungen habe. Der Schulmeister, ein jähzorniger und verschmitzter Pedant, der sich jedoch das Ansehen eines gewaltigen Pädagogen zu geben verstand, hatte sich nun auch wochenlang die redliche Mühe gegeben, seinen Kindern „das Haidenröslein" fehlerfrei einzustudiren und war auch mit der Generalprobe äußerst zufrieden gewesen; als jedoch jene armen Kinder sich den vielen Fremden gegenüber sahen und die Probe ihrer Gesangskunst liefern sollten, schien es, als blieben ihnen die Töne in der Kehle stecken, so daß der Schulmeister mit seiner Zwirnsfadenstimme eingreifen mußte, wodurch dann das Lied mit Ach und Krach zu Ende gebracht wurde. „Rührend" hat es allerdings geklungen; aber „lieblich"?

Wenn die vielen Fremden nicht zugegen gewesen wären, so hätte der wüthende Schulmeister seine bangen Sänger sicherlich halb todt geschlagen; so aber mußte er mit der Austheilung einer derben Prügelsuppe bis zum nächsten Tage warten. An demselben hörte man denn auch wirklich ein herzerschütterndes Geschrei aus dem Schulgebäude dringen. Daß das Haidenröslein nicht lieblich klang, kann der Verfasser dieser Zeilen auf die zuverlässigste Autorität hin bezeugen; er machte nämlich selber damals seine erste Bekanntschaft mit Goethe und Werther, trat zum ersten und zugleich auch zum letzten Male in seinem Leben als öffentlicher Sänger auf und nahm auch darnach an dem schmerzreichen Schicksale der übrigen „lieblichen" Sänger theil.

Die große, mit Blumen umwundene Guirlande, welche die Landmädchen an jenem Festtage um Goethe's Denkmal legten, war in der Dunkelheit von den fremden Gästen gestohlen und ihre verwelkten Blätter mögen sich vielleicht noch hie und da in alten Mappen vorfinden.

Trotzdem Wetzlar inzwischen durch den Bau einer Eisenbahn in den Weltverkehr gezogen worden ist, so ziehen doch noch wenige Goethe-Pilger nach jenem stillen Städtchen, in dem früher, wie Jean Paul sagt, die Unsterblichen wohnten. Und doch bietet es für den Goethe-Enthusiasten jetzt mehr als früher; denn in dem kleinen noch existirenden Wohnhause des Amtmanns Buff hat man ein „Lottezimmer" eingerichtet und dasselbe mit dem Klavier, Kanapee, Spiegel, Nadelbüchschen und einigen Stickereien, welche ehemals Werthers Lotte gehörten, ausstaffirt.

Auch in Garbenheim trifft man nur höchst selten einen Zeichner an, der den dortigen Wertherplatz, in dessen Nähe noch immer alte Pflüge herumstehen und rotznäsige Jungen Maulaffen feil halten, aufnimmt. Auch das auf dem Gartenkirchhofe zu Hannover stehende Grabdenkmal der am 16. Januar 1828 verstorbenen Charlotte Sophie Henriette Kestner, geb. Buff, wird noch selten von neugierigen Fremden in Augenschein genommen. Die auf Werther und Lotte gedichteten Bänkelsängerlieder sind verstummt; auf den Jahrmärkten begegnet man schon längst nicht mehr einer mordgeschichtlichen Darstellung ihres romantischen Verhältnisses; man ängstigt sich nicht mehr, daß die Kugel bald das Hirn erreichen wird,

    Und jeder spricht bei Bier und Brod:
    Gott sei's gedankt — nicht wir sind todt!

„Werthers Leiden" steht mit Ossian's Gesängen, Klopstocks Messias, Youngs Nachtgedanken und Richardsons und Tiecks Romanen unberührt in den Bibliotheken und nur noch derjenige, den die Literatur mit Brod und Butter versieht, widmet ihnen einen flüchtigen Blick, um dann mit gutem Gewissen sagen zu können, er habe die hervorragendsten Werke der Sentimentalitätsepoche des vorigen Jahrhunderts gründlich studirt.

## Die Lorelei.

In den Sagen fast aller Völker werden der Wein, Gesang und schöne Frauenaugen als solche Faktoren hingestellt, welche leicht erregbare Männerherzen verderben und ihnen Unheil bringen. Selbst der schlaue, vielgewandte Odysseus wäre auf seinen klassischen Irrfahrten ein Opfer der Gesangskunst der Sirene geworden, wenn er nicht vorher die Vorsicht gebraucht hätte, sich an den Mast seines Fahrzeuges fesseln zu lassen. Auch die Argonautenfahrer wären mit ihrem Schiffe verunglückt, wenn der sie begleitende Orpheus sich nicht in einen Wettgesang mit jenen Unholdinnen eingelassen und sie gründlich besiegt hätte.

Zahlreiche mit der Fingalsgrotte auf der Insel Staffa in Verbindung stehende Sagen erzählen von jungen Hirten, die sich so sehr vom Gesang der Meerweiber bezaubern ließen, daß sie sich in die Wellen stürzten, um immer bei ihnen sein zu können. In schwedischen und schottischen Volksliedern spielen die Meernixen weiblichen und männlichen Geschlechtes eine große Rolle; alle verderben durch ihren Gesang die

Menschen, können aber auch durch dasselbe Mittel besiegt werden, wie z. B. das schwedische Lied von der „Macht der Harfe" beweist, nach welchem nämlich der Meernix gezwungen wurde, auf den Klang der Harfe die gestohlene Braut wieder freizugeben.

Von dem zauberkräftigen Sänger Horant wird in der „Gudrun" erzählt, daß er die Kunst des Gesanges von einem Meerweibe erlernt habe.

> „Do huob er eine wise, die was von Amile,
> Die gelernte nie Kristenmensche sit noch e,
> Wan daz er si horte uf dem wilden Fluote:
> Da mite diente Horant ze hove der snelle degen guote."

(„Da begann er eine Weise, die war von Amile,
Die nie ein Christenmensch vernahm, und keiner lernet je,
Der sie nicht erlauschet auf wilden Meereswellen,
Also wollte Horand seines Herren Minnedienst bestellen.")

In Goethes Ballade „der Fischer" haben wir ein helles Tagbild zu dem düsteren Nachtstück „der Erlkönig". Im letzteren wirkt ein Dämon mit stürmischer Hast und gebraucht zuletzt Gewalt; in ersterem hingegen herrscht träumerische Ruhe und ein liebliches Wasserweib bringt singend und sagend dem arglosen Fischer Verderben. Goethe hat nun gegen alle diesem Gedichte aufoktroyirte Erklärungen protestirt und sich Eckermann gegenüber ausgedrückt, daß er darin nur den Reiz, welchen das Wasser in der Sommerschwüle auf den Menschen ausübe und welcher sie zum Baden antreibe, habe illustriren wollen und deshalb habe er auch der Todes= gluth des Strandes die behagliche Kühle des Wassers gegen= über gestellt. Mit diesem Gedichte Goethe's ist der Eingangs=

gesang des Fischerknaben in Schiller's „Wilhelm Tell" nahe verwandt.

Von allen derartigen Liedern ist jedoch keines tiefer in das Volk gedrungen als Heine's „Lorelei", woran allerdings der Komponist Silcher mit die Hauptursache ist.

Gude sagt darüber: „Schon der Ort der Sage übt an sich einen unwiderstehlichen Zauber aus. Es gibt Stätten, deren bloßer Name uns schon mit dem Reize einer geheimnißvollen Poesie anweht; eine solche Stätte bildet die Lore-Ley am Rhein. Hoch bäumen sich hier zu beiden Seiten des Flusses dunkle Felsenmassen ernst empor, als wollten sie den Weg mit einem drohenden „Zurück!" versperren. Alles Leben ist auf ihnen erstorben; schweigend, fast regungslos fließt selbst der Rhein durch die finsteren, zerklüfteten Felsen. Während vorher die entzückende Landschaft von Oberwesel die Brust weitete und das Herz zum fröhlichen Geplauder stimmte, fühlt es sich hier plötzlich beengt und beklommen, wie von einem geheimnißvollen Weh. Kein Wunder, daß die Sage diesen Ort poetisch geweihet hat. Heine aber hat dieser Sage, die in der ehrwürdigen Ferne von Jahrtausenden hinter uns liegt, einen solchen Ausdruck gegeben, daß uns ihr Odem unmittelbar anweht, daß es uns ist, als ob die Jungfrau da oben noch immer sitze und sänge."

In der Lorelei wollte man nämlich eine altdeutsche Göttin Namens Lohra entdeckt haben, trotzdem keine Mär alter Zeit darüber ein Wörtchen verlauten ließ. Es bewährte sich da wieder der alte Spruch:

„Manches noch so wunderbar,
Dichterkünste machen's wahr."

Ja, Herzog Adolf von Nassau beauftragte einst, um seinem Sinne für Poesie öffentlich Ausdruck zu verleihen, den Professor Hopfgarten ein Standbild dieser zweifelhaften Göttin zu modelliren, was derselbe natürlich auch that; auf den betreffenden Felsen aber hat man es leider nicht gestellt, denn man fand inzwischen die wahre Entstehungsgeschichte der Loreleisage aus. Jene Statue aber hätte man doch ruhig an ihren bestimmten Platz stellen können; Götter und Göttinnen sind ja doch einmal Gebilde der schaffenden Poesie und ich sehe nicht ein, warum dieselben erst Jahrtausende alt sein müssen, ehe man sie bildlich darstellen darf.

Der Schöpfer der Loreleisage ist nämlich Clemens Brentano, der im Jahre 1801 in seinem Roman „Godwin" unter dem Titel „Violetens Lied" ein Gedicht veröffentlichte, das also anfängt:

>„Zu Bacherach am Rheine
>Wohnt eine Zauberin,
>Sie war so süß und feine
>Und riß viel Herzen hin,
>
>Und brachte viel zu Schanden
>Den Männern rings umher;
>Aus ihren Liebesbanden
>War keine Rettung mehr.

Einen nur, nämlich denjenigen, den sie liebte, vermochte sie nicht zu fesseln. Der Bischof, der sie wegen Zauberei verurtheilen sollte, konnte ebenfalls ihrer Schönheit nicht widerstehen und gab sie frei. Trotzdem aber bat sie um den Feuertod und klagte:

„Mein Schatz hat mich betrogen,
Hat sich von mir gewandt,
Ist fort von hier gezogen,
Fort in ein fremdes Land."

Der Bischof will sie darauf durch die Ritter in ein Kloster bringen lassen. Auf dem Wege dahin bittet sie ihre Begleiter, sie doch noch einmal den Loreleifelsen besteigen zu lassen, was ihr dieselben auch bereitwillig gewähren. Als sie nun oben war, glaubte sie unten in einem Kahne ihren treulosen Geliebten zu erblicken und stürzte sich hinab in die Tiefe. Seit jener Zeit hat man von dem „Dreirittersteine" das Echo „Lore Lay, Lore Lay, Lore Lay," vernommen.

Der Rheinsagensammler Nikolaus Vogt bearbeitete einige Jahre darauf dieses in der Hauptsache an die griechische Sage von Echo und Narcissus erinnernde Gedicht prosaisch, und so hatte man auf einmal eine schöne Rheinsage mehr und zahlreiche Dichter beeilten sich, dieselbe in Liedern zu verewigen. In Joseph Eichendorff's Gedicht „Der stille Grund" ist der Rheinstrom zu einem See gemacht und heißt es darin:

Eine Nixe auf dem Steine
Flocht dort ihr goldnes Haar,
Sie meint', sie wär' alleine,
Und sang so wunderbar."

Ein Gedicht von Heinrich von Loeben wollen wir, da es Heine unstreitig gekannt hat, hier vollständig mittheilen:

„Da, wo der Mondschein blitzet
Um's höchste Felsgestein,
Das Zauberfräulein sitzet
Und schauet auf den Rhein.

Es schauet herüber, hinüber,
Es schauet hinab, hinauf,
Die Schifflein ziehn vorüber, —
Lieb' Knabe, sieh nicht auf!

Sie singet dir hold zum Ohre,
Sie blickt dich thöricht an,
Sie ist die holde Lore,
Sie hat's dir angethan.

Sie schaut wohl nach dem Rheine,
Als schaute sie nach dir.
Glaub's nicht, daß sie dich meine,
Sieh' nicht, horch' nicht nach ihr.

So blickt sie wohl nach allen
Mit ihren Augen Glanz,
Läßt her die Locken wallen
Im wilden goldnen Tanz.

Doch wogt in ihrem Blicke
Nur blauer Wellen Spiel,
Drum scheu' die Wassertücke,
Denn Fluth bleibt falsch und kühl."

Der 1873 verstorbene Dichter Wolfgang Müller von Königswinter, der zahlreiche Rheinsagen poetisch gestaltete und dieselben unter dem Titel „Lorelei" herausgab, hat unserer Nixe zwei Gedichte gewidmet; das erste führt den Titel „Das Schloß im See" und das andere beginnt:

„Es singet und klinget dort über den Rhein
So sinnig und innig, gefühlig und fein";

beide sind jedoch zu lang, um sie hier mitzutheilen. Dasselbe gilt auch von dem Lorelei=Gedichte der Amerikanerin Caroline Sawyer, das A. Strodtmann prächtig übersetzt und seiner

„Amerikanischen Anthologie" einverleibt hat. Diese Dichterin muß, beiläufig gesagt, den Loreleifelsen niemals gesehen haben, denn sie verlegt denselben an das Meer und läßt ihn von Möven umkreisen.

Weitere Lorelei=Lieder existiren von Louise Otto, Karl Simrock, dem Amerikaner Leland („Hans Breitmann") u. s. w. In allen erscheint uns die Lorelei als eine wunderschöne Nixe, welche die Männer anlockt und sie nicht wieder frei gibt. Simrock erkennt daher in ihr das Rheinland selbst und sagt:

> „An den Rhein, an den Rhein, zieh' nicht an den Rhein,
> Mein Sohn, ich rathe dir gut;
> Da geht dir das Leben zu lieblich ein,
> Da blüht dir zu freudig der Muth,
>
> Und im Strom da tauchet die Nix aus dem Grund,
> Und hast du ihr Lächeln gesehn,
> Und sang dir die Lurlei mit bleichem Mund,
> Mein Sohn, so ist es gescheh'n.
>
> Dich bezaubert der Laut, dich bethört der Rhein,
> Entzücken faßt dich und Graus.
> Nun singst du immer: Am Rhein, am Rhein,
> Und kehrst nicht wieder nach Haus."

Auch dramatisch ist die Loreleisage mehrmals bearbeitet worden. Hermann Hersch schrieb auf Grund derselben eine fünfaktige Tragödie und Emanuel Geibel ein zweiaktiges Singspiel, welches Mendelssohn=Bartholdy komponieren wollte, dabei aber leider vom Tod überrascht wurde, so daß sein Werk nur Fragment geblieben ist. Geibel hat sich in diesem Sing= spiele an die Brentano'sche Fabel gehalten und dieselbe für seinen Zweck erweitert.

Heine's Loreleilied bildet die zweite Nummer der Abtheilung seiner Gedichte, welche den Titel „Heimkehr" führt. Das erste lautet:

> „In mein gar zu dunkles Leben
> Strahlte einst ein süßes Bild:
> Nun das süße Bild erblichen,
> Bin ich gänzlich nachtumhüllt." 2c.

Dazu bildet die „Lorelei" nun die Fortsetzung. Das erblichene Bild war eine Jugendgeliebte des Dichters, eine Hamburgerin, die sich während seines Aufenthaltes in Göttingen mit einem Andern vermählt hatte. Sie war das Märchen aus früheren Zeiten, das ihm lange nicht aus dem Sinne kam und das ihn an das drohende Scheitern seines Lebensschiffleins erinnerte.

Heine gibt gerne seinen melancholischen, liebekranken Liedern einen faunischen Schluß und dasselbe wollen wir auch mit dieser fragmentarischen Skizze thun, indem wir Leland's eben erwähnte Breitmann=Ballade hierher setzen wollen.

> „Der noble Ritter Hugo
> Von Schwillensaufenstein,
> Rode out mit Shpeer und Helmet
> Und he coom to de panks of de Rhine.
>
> Und oop dere rose a Meer Maid,
> Bot hade't got nodings on,
> Und she say, „Oh, Ritter Hugo,
> Where you goes mit yourself alone?"
>
> And he says, „I rides in de Creenwood
> Mit Helmet und mit Shpeer,
> Till I cooms into em Gasthaus,
> Und dere I trinks some Beer."

Und den outshpoke de Maiden
Vot hade't got nodings on:
I tont dink mooch of boeplesh
Dat goes mit demselfs alone.

„You 'd petter coom down in de Wasser,
Vere deres heaps of Dings to see,
Und hafe a shpendid tinner
Und drafel along mit me.

Dere you see de Fisch a schwimmin,
Und you catches dem efery one." —
So sang dis Wasser Maiden
Vot hade't got nodings on

Dere ish drunks all full mit Money
In Ships dat vent down of old;
Und you helpsh yourself, by Dunder!
To shimmerin Crowns of Gold.

„Shoost look at dese Shpoons und Vatches!
Shoost see dese Diamant=Rings!
Coom down und full your Backets,
Und I'll giß you like avery dings.

Vot you vantsh mit your Schnapps und Lager?
Coom down into der Rhine!
Der ish pottles der Kaiser Charlemagne
Vonce filled mit gold=red Wine!"

Dat fetched him — he shtood all shpell pound;
She pooled his Coat=tails down,
She drawed him onder der Wasser,
De Maiden mit nodings on."

## Weihnachten im Munde der amerikanischen Dichter.

Es hat doch ziemlich lange gedauert, bis die Amerikaner den Weihnachtsabend zu einem frohen Familienfeste gemacht und die mit demselben verbundenen germanischen Gebräuche angenommen haben. Früher sangen die amerikanischen Dichter und Dichterinnen um diese Zeit nur vom Sterne zu Bethlehem, den drei Weisen aus dem Morgenlande und dem Kindlein in der Krippe; nun aber ertönen vielfach schon andere Klänge, die Weihnachten als ein frohes Familienfest, besonders aber als Kinderfest feiern und selbst in der Wohnung des orthodoxesten Puritaners prangt nun der Weihnachtsbaum und wird die obligate Bescheerung inscenirt, bei welchem sogar dem heiligen Nikolaus seine historische Rolle nicht vorenthalten wird Daß dies ursprünglich ein altdeutscher heidnischer Gebrauch war, weiß der Amerikaner allerdings ebenso wenig, wie er den gottlosen Ursprung vieler seiner heiligsten Kirchenmelodien kennt und thut im Grunde auch wenig zur Sache.

Die jetzige heitere Gestalt des amerikanischen Weihnachtsfestes ist unstreitig hauptsächlich dem Einflusse der Deutschen zuzuschreiben, die sich den betreffenden Abend nicht ohne ein Christkindlein, das nun hier zum „Kriß Kringel" geworden ist und ohne den Nüsse spendenden und Schläge austheilenden Nikolaus, von den Pennsylvaniern gewöhnlich Pelznickel genannt, nicht denken können. Horne sagt in seinem „Pennsylvania-German Manual" (Kutztown 1876): „Grishdawags b'shenkt m'r als sei Freind. De kin'r kriga als Grisht kindlen. Owets gat als 's Grisht kindli rum on de Heisar un dalt g'shenka ous. De kinar fraa sich druf. Olsamol kumt d'r belsnickel un mocht d'kinar bong. Ar shmeist leshta rum un won de kinar shpringa for se ufzulasa, hokt 'r se mit 'r wib."

Harbaugh, ein vor Jahren verstorbener reformirter Prediger, schildert in seiner „Harfe", einer Sammlung gefühlvoller Gedichte in pennsylvanisch-deutscher Mundart, den Pelznickel als einen „wüsten Mann, der wie der Böse guckt und einen Schwanz wie ein Ochse und einen haarigen Pelz wie ein Bär hat"; er „dengelt die nixnutzigen Kinder bummrisch", doch wenn dieselben schnell die Hände zum Gebete falten, schüttet er ihnen seinen Sack voll Nüsse und Kuchen aus. Dabei denkt dann der sentimentale, stets vom Heimweh geplagte Dichter an den Abend, als ihm der erste „Krischtbaam" angezündet wurde, das Christkindlein in einem mit Schellen behangenen Schlitten angefahren kam und seine Geschenke durch den Schornstein herab warf.

Geschenke bilden natürlich am Weihnachtsabend die Hauptsache und die Kinder besonders versäumen es nicht, rechtzeitig große Strümpfe zurecht zu legen, damit sie das

Chriſtkindlein auf ſeinem Umzuge ohne Zeitverluſt füllen kann. Weßhalb zu dieſem Zwecke gerade ein Strumpf gewählt wird, mag wohl ſeinen Urſprung in dem Gebrauche der alten Koloniſten haben, ihre Werthſachen und Privatheiligthümer vorzugsweiſe in einem ſolchen Kleidungsſtücke aufzubewahren. Dem verſtorbenen New-Yorker Journaliſten George Arnold, von deſſen Gedichten der Kunſtkritiker William Winter 1871 eine Geſammtausgabe veranſtaltete, hatte nach ſeiner poetiſchen Mittheilung eine geliebte Freundin einen leeren Strumpf zur Füllung an den Zweig des Weihnachtsbaumes gehängt. Dieſe ſtille Aufforderung raubte ihm den Schlaf; ſeine Gedichte wollte er nicht hineinſtecken, denn dieſelben waren zu werthlos; ſein Herz war zu groß für den betreffenden Behälter und ſo legte er ſchließlich einen Ring hinein und wünſchte ſich „Frieden auf Erden" für die daraus erwachſenden Folgen.

Mary Mapes Dodge, die talentvolle Redactrice der monatlich erſcheinenden Kinderſchrift „St. Nicholas", hat in ihrem reich illuſtrirten Werke „Rhymes and Jingles" auch ein an den heiligen Nikolaus gerichtetes Gebet, in dem ihn die Kinder erſuchen, doch ja ihre Strümpfe recht voll zu ſtopfen und dann noch etwas auf dem Boden liegen zu laſſen. Ihr Nikolaus hält ſeinen Umzug übrigens nur in den Träumen der Kinder und tritt nur als unſichtbar handelnde Perſon auf.

Einen ächt deutſchen Charakter hat das Weihnachtsfeſt in einem Liede, das in dem Werke „June on the Miami" von W. H. Venable enthalten iſt. Da haben wir eine herrliche Familienſcene; unter dem Chriſtbaume ertönt Geſang und Muſik und dann wird ſogar noch ein Tänzchen gewagt.

Als frommer Mann gedenkt Venable natürlich auch der religiösen Bedeutung dieses Festes und hofft, daß das Christkindlein allen Mühseligen und Beladenen der Erde Friede und Glück bescheeren möge.

Weniger harmonisch schließt das Weihnachtsgedicht Henry S. Cornwell's, des begabten Nachahmers Bryant's. Der Held desselben ist ein armer Mann, der einsam über die Straßen wandelt und beim Scheine der in den Häusern der Begüterten leuchtenden Weihnachtsbäume seiner darbenden Kinder in elender Hütte gedenkt. Er beneidet den Hund in den Palästen um sein Weihnachtsgericht und fragt dann schließlich, ob wohl auch für ihn heute das Christkindlein geboren sei.

J. W. Watson, der hauptsächlich durch sein Gedicht „Beautiful Snow" bekannt geworden ist, führt uns in seinen „Real Christmas Angels" ein an Jahren reiches, an Gütern aber sehr armes Ehepaar vor, das sich an dem betreffenden Abend durch Rückblicke auf die Vergangenheit in eine wehmütige Stimmung versetzt hat und die gute, alte Zeit lobt. Sie näht dabei und er wirft zuweilen einen Blick in die Bibel. Da werden auf einmal durch eine unbekannte Person Kohlen, Kartoffeln und ein Truthahn in das Zimmer gebracht, was den Alten zu der Bemerkung begeisterte, daß ihm von allen Engeln diejenigen am besten gefielen, die praktische und greifbare Geschenke brächten. Auch in einem anderen Weihnachtsgedichte desselben Verfassers wird das Nützlichkeitsprincip in unpoetischer Weise in den Vordergrund gestellt.

Frau Zadel Barnes Gustafson, die 1879 zu Boston unter dem Titel „Meg" eine Gedichtsammlung erscheinen ließ, erzählt ihrem Sohne, dem sie den deutschen Namen „Liebling" gegeben hat, am Weihnachtsabend allerlei Kindermärchen und träumt sich und ihn in ein paradiesisches Feenland hinein. Latham C. Strong wünscht in seinen „Midsummer Dreams" (New-York 1879) die Weihnachtszeit zurück, in der noch ein lustiges Volk durch die Thore der gastlich geöffneten Burgen zog, nußbraunes Ale in großen Quantitäten trank und romantische Ritter- und Geistergeschichten erzählte. Das letztgenannte Vergnügen gewährt er sich nun dadurch, daß er den draußen wüthenden Schneesturm die Sage von der weißen Frau erzählen läßt.

Hans Breitmann, der an guten und schlechten Witzen und Wortspielen reiche Geselle Leland's, bringt natürlich als unverwüstliches, germanisches Kneipgenie seinen Weihnachtsabend auf einem Gesangvereinsballe zu und macht auch in einer seiner seltenen Bierpausen der Abwechslung wegen ein Tänzchen mit Fräulein „Mina Schmitz", die darnach erzählet, daß „he nafer shtop poussiren alleweil". Sonst besteht, wie überall, Hans Breitmann's Hauptbeschäftigung in dem Befriedigen seines Rodenstein-Durstes; er lauscht zwar an jenem Abende auch einer Beethoven'schen Symphonie mit solcher andachtsvollen Hingabe, daß ihm die Thränen über die gerötheten Wangen rollen, im Uebrigen aber thut er nichts als trinken, trinken und trinken, und zwar vertilgt er nicht allein Bier, sondern auch Schnaps, denn seitdem er seine erste „Barty" gab, ist er ein sehr verkommener Geselle geworden.

In dem Weihnachtspoem „Theodora" (Philadelphia 1882) läßt F. H. Williams, der Verfasser des günstig aufgenommenen Buchdrama's „The Princess Elizabeth", eine alte Tante ihre Liebes- und Leidensgeschichte mittheilen und sich die übrige Zeit durch das onomatopoetisch dargestellte Ticken der Wanduhr und das Geläute der Glocken vertreiben.

Auch der New-Yorker Dichter R. H. Stoddard klagt ähnlich wie Strong über das Verschwinden der früheren Weihnachtsgebräuche Altenglands. Früher war an jenem Abende jeder Gast willkommen; jetzt hingegen verschließen wir lieblos die Thüre. Auf den Straßen begegne man nur Elend und Mangel, was den Dichter veranlaßt, die Mission Christi zu verherrlichen. Stoddard's zweites Weihnachtslied ist dem Süden gewidmet, dem er einen segensvollen Frieden wünscht. Ein drittes gilt der Erinnerung seines verstorbenen Sohnes, dem nun der versprochene Christbaum auf dem Grabe prangt.

Die Geschwister Alice und Phöbe Cary, die in ihren Gedichten vorzugsweise ärmliche Verhältnisse schildern, haben natürlich auch unser christliches Familienfest nicht vergessen und uns am Abende desselben in die Hütten der Armuth geführt. Erstere zeigt uns einen wettergebräunten Kolonisten im Kreise seiner zahlreichen, kerngesunden Knaben, von denen sicherlich der eine dereinst zum Präsidenten der Vereinigten Staaten bestimmt ist — eine Hoffnung, zu welcher der Vater durch geschichtliche Beispiele berechtigt zu sein glaubt und die ihn zum ferneren Schaffen und Warten auf bessere Tage ermuntert. Phöbe Cary's Weihnachtslied ist „The last sheaf" betitelt und beruht auf dem Gebrauche der Norweger, die letzte Garbe der Ernte am Christabende auf das Dach des Hauses zu stellen und sie den hungernden Vögeln zu überlassen. Ihre andere Weihnachtserzählung zeigt uns einen armen Jungen, der da befürchtet, das Christkindlein werde seine kleine Hütte übersehen und ihn vergessen, weshalb er ihm heimlich einen Brief schreibt, der dann auch die gewünschte Wirkung hat, indem derselbe doch in mildthätige Hände fällt.

Der im fernen Westen wohnende irländische Gelehrte Ambrose Butler gedenkt am Weihnachtsabende seiner alten Heimath und singt, vom Heimweh übermannt, alle keltische Lieder; in ergreifender Weise gedenkt er Derer, die, weil sie ihr Heimathland zu sehr geliebt, im Gefängnisse schmachten müssen, und fordert schließlich alle Gleichgesinnten zum Schwure auf, nicht abzulassen, bis Irland vom Joche Englands befreit sei.

Sein melancholischer Kollege Ryan, gewöhnlich der „poet-priest" des Südens genannt, hat in seinen 1879 zu Mobile in Alabama veröffentlichten Gedichten ein gar thränenreiches Stimmungsbild geliefert, wie ihm denn überhaupt jede freudige Gelegenheit Veranlassung zum Klagen zu geben scheint. Er lamentirt am Weihnachtsabend über Alles und Jedes und trägt eine krankhafte Sentimentalität zur Schau, wie man sie nur in den Wertherzeiten gewöhnt war. Er klagt über die Flucht seines Lebensfrühlings und die faulen socialen und religiösen Zustände der Gegenwart, in welcher die Wahrheit Sklavin des Mammons sei und die Tugend sich verhüllen müsse, um nicht verlacht und verspottet zu werden. Das Feuer seines Kamins, vor dem er mutterseelenallein seinen Weihnachtsabend feiert, zaubert ihm allerlei trostlose Gedanken vor und der Wind flüstert ihm von draußen Erzählungen von Kummer und Elend zu. Endlich aber ertönen die Glocken des Kirchthurms; Christ ist geboren, der Dichter wird plötzlich zum edelsten Optimisten und schließt mit einem Friedensgebete für die ganze Welt.

Von anderen Dichtern des Südens haben Henry Timrod und Margaret J. Preston das Weihnachtsfest zu verherrlichen gesucht; da die betreffenden Gedichte leider während des Sonderbundskrieges entstanden sind, so ist natürlich der Ruf nach Sieg und Frieden vorherrschend. Bayard Taylor hat in seinen „Home Pastorals" vier Weihnachtssonette geliefert, die er gerade so gut an irgend einem andern festlichen Tage hätte schreiben können; der Quäkerdichter Whittier verherrlicht selbstverständlich den Stern von Bethlehem.

Longfellow hat die Geburt Christi in einem Mirakelspiele, welche seiner „Goldenen Legende" als Intermezzo einverleibt ist, gefeiert, und darin den Ton und Stil der alten geistlichen Spiele trefflich wiedergegeben. Es treten darin Engel, Teufel und Räuber auf; Herodes wird über die von den drei Weisen erhaltene Nachricht so fuchsteufelswild, daß er sogar in deutscher Sprache flucht und eine Kanne Wein nach der anderen leert. Im Allgemeinen hat die amerikanische Weihnachtspoesie nicht viel Bedeutendes aufzuweisen.

# Onkel Biesebrecht's deutsch-amerikanische Volkserzählungen.

Volkserzählungen im Geiste unserer Zeit und auf den Anschauungen und Verhältnissen unseres Landes beruhend, zu liefern ist eine hohe Aufgabe, zu deren Lösung die junge deutsch-amerikanische Literatur bis jetzt kaum Nennenswerthes beigetragen hat, denn jene für Sonntagsschulen zusammengeschriebenen „Volks-Erzählungen" dienen ausschließlich denominationellen Zwecken und können nicht den geringsten Anspruch auf literarische Bedeutung machen. Die deutsch-amerikanischen Sonntagsschulen füllen gewöhnlich ihre Schulbibliotheken mit den Schriften Horn's, Hofmanns und ähnlicher Jugendschriftsteller, die aber im Grunde genommen ausschließlich nur für europäische und spezifisch deutsche Verhältnisse bestimmt sind, und Unterthanentugenden cultiviren, die hier in keinem besonderen Ansehen stehen. Wirkliche edle Thaten bringen sie mit besonderer Vorliebe an fürstlichen Personen zur Anschauung, wogegen sie den gewöhnlichen Bürger zum Träger einer widerwärtigen

Servilität und regelrechten Unterthänigkeit machen und dabei ein Gottvertrauen illustriren, das man ruhig Fatalismus nennen kann. Sie wollen in dem jugendlichen Leser eine passive Sanftmuth erziehen, die ihn alles Ungemach als eine Fügung Gottes ertragen läßt. Sie agiren gegen das Auswanderungsfieber (z. B. Horn's „Auf dem Mississippi" und „Diamantina") und wollen den alten Spießbürgersatz „Bleibe im Lande und ernähre dich redlich" als eine der ersten christlichen Tugenden hinstellen, trotzdem derselbe für Viele in's Praktische übersetzt, „Bleibe im Lande und hungere" heißt. Dann kommt dazu, daß in den meisten sogenannten Jugendschriften die alttestamentliche Idee der Belohnung eines frommen, gottergebenen Lebenswandels durch den Besitz irdischer Güter zu sehr vertreten ist, wodurch die Jugend leicht zu dem Grundsatze verleitet wird, die Frömmigkeit aus Utilitätsprincip zu betreiben, was natürlich nichts Anderes als Heuchelei und Muckerei zum Gefolge hat.

Der Bedarf an Jugendschriften wird leider noch zu viel von geistlichen Schriftstellern oder vielmehr von schriftstellernden Geistlichen befriedigt, die meistentheils anstatt ein gesundes moralisches Gefühl und die Liebe zur wirklichen Tugend in den jugendlichen Lesern zu erwecken, dieselben zu frömmelnden Duckmäusern heranbilden. Da werden Fortschritt und Aufklärung als die Quellen alles zeitlichen und ewigen Elendes hingestellt; da wird der Wissenschaft diktatorisch zugerufen, sie solle umkehren und von den Repräsentanten derselben wird verlangt, sie sollten dem alten Köhlerglauben huldigen. Man sehe sich nur einmal die letzten Schriften des Schweizers Bitzius-Gotthelf an mit ihren Kapuzinerpredigten gegen den Fortschritt und ihren fanatischen Lobeserhebungen der Reaktion.

Der Himmel möge unsere amerikanische Jugend vor dieser Kost ebenso sehr bewahren, wie vor dem geheimen Gifte der Dime- und Nickel-Novellen, die leider jährlich in einer Unmasse von Exemplaren verkauft werden. Die Schule gibt dem Kinde Gelegenheit, das Lesen zu erlernen; sie soll ihm daher auch sagen, was es lesen soll. Herder sagt: „Das beste Geschenk, das einem jungen Menschen werden kann, sind nicht Bücher, sondern Rath, wie er die Bücher lese", oder, wie wir ergänzen möchten, welche Bücher er lesen solle.

Die Jugendzeit eines jeden Menschen hat eine Periode zu verzeichnen, die man die Periode der Lesewuth nennen kann. Diese Wuth verlangt Befriedigung, und da werden denn von morgens früh bis abends spät die Bücher haufenweise verschlungen. Und was für Bücher? Indianergeschichten voll Mord und Todtschlag; schlüpfrige Kriminalgeschichten voll haarsträubender Einzelheiten u. s. w., die alle wie das sprichwörtliche Fischefangen und Vogelstellen wirken.

Das Gemüth erwärmende, ächte moralische Gesinnungen erzeugende Volksschriften sind daher das Bedürfniß unserer Zeit und jeder Versuch, demselben abzuhelfen, sollte dankbar begrüßt werden. Einen solchen Versuch hat Onkel Biesebrecht, oder vielmehr der freisinnige Pastor J. G. Eberhard in seinen 1882 zu Saint Louis erschienenen „deutsch-amerikanischen „Volkserzählungen" gemacht. Die erste Erzählung spielt in der sogenannten guten alten Zeit von Saint Louis; aber dieselbe muß doch nicht so gut gewesen sein, wie uns der Verfasser anfangs gerne glauben lassen möchte, denn er zeigt, daß es auch damals schon giftige

Zwischenträger und geschäftige Händelstifter gab und daß die deutsche Einigkeit von jeher überall nur ein frommer Wunsch geblieben ist. Die Gefahren der Leichtgläubigkeit oder vielmehr des Aberglaubens und des Gewohnheitslügens bringt der Verfasser trefflich zur Anschauung; daß er dabei, wie auch in allen obigen Erzählungen, häufig in den Predigtton verfällt, kann man ihm schon deshalb verzeihen, weil sonst seine Sprache edel, gewandt, packend und von ächter Poesie durchglüht ist. Auch ist es ihm meistentheils gelungen, den richtigen Volkston zu treffen; ganz frei von Manirirtheit ist jedoch sein Styl nicht.

Die zweite Erzählung, „Klitsch und Klatsch" zeigt die Gefahren des schnellen Heirathens nach kurzer Bekanntschaft, wie es leider in Amerika einmal gang und gäbe geworden ist. Nach den schnell verflossenen Flitterwochen tritt Kälte ein und was man anfänglich für dauernde Liebe hielt, stellt sich schließlich als flüchtige Zuneigung heraus. Die ganze Geschichte löst sich jedoch in Wohlgefallen auf, wie denn überhaupt eine jede Erzählung dieses Buches einen glücklichen Abschluß und zwar stets durch eine glückliche Ehe findet.

Die dritte Erzählung handelt von 2 Nachbarn, einem Katholiken und einem Altlutheraner, die ehe ein Priester die Saat der Zwietracht unter sie streute, ganz friedlich und freundlich miteinander verkehrt hatten, darnach aber im Namen der Religion unversöhnliche Feinde wurden Trotzdem sich die Feindschaft auch auf die Kinder erstreckte, so zeigte sich doch im Laufe der Zeit die wirkliche Liebe mächtiger, indem der katholische Jüngling der Bräutigam der altlutherischen Jungfrau wurde.

In „Auf Schusters Rappen" wird die Spielwuth und deren demoralisirende Folgen gegeißelt. Auch werden dem Putzteufel und der Vergnügungssucht derb die Leviten gelesen.

Die Abtheilung „Schau um dich — schau in dich!" besteht aus von tiefem Ernst durchdrungenen Tiraden gegen Luxus und Spekulationswuth und aus Betrachtungen über das Erntedankfest, die Gräberschmückungsfeierlichkeit, Washington's Geburtstag und die Neujahrsnacht. Diese viel unnützen Wortkram enthaltenden Aufsätze waren früher in der „Union", einem Organe des Freiprotestantismus in Amerika, erschienen, und hatten damals einen dankbaren Leserkreis gefunden. Höchst angenehm hat uns das Urtheil über den verstorbenen freisinnigen Prediger August Kröll, dem ja auch der Bismarck-Busch in seinem amerikanischen Tagebuche einige liebevolle Seiten gewidmet hat, berührt. Ja, der alte Kröll war noch ein Mann von ächtem Schrot und Korn; bieder, treu, grundehrlich, Jedem wohlwollend, ein Optimist von reinstem Wasser, trotzdem er mitunter auch aufbrauste und fluchte wie weiland Scheffels Hildebrand und Hadubrand, als sie die Weltstadt Venedig nicht fanden. Doch wir wollen lieber hier Eberhard's herrlichen Worten über ihn Platz machen.

„Schau um dich! Ei — grüß Gott, du lieber, alter Kröll! Willkommen! Welche Freude — wie heller Sonnenstrahl zur trüben, dunklen Regenzeit. Wie ist dein Haar so weiß, wie ist dein Bart so lang, du neuer Barbarossa auf deutsch-amerikanischer Erde. Wie hast du gestrebt und gestritten, wie hast du gewirkt und — lang gelitten! drei und dreißig Jahre in Cincinnati auf der Hochwacht des freien

Protestantismus, immer frisch und immer rüstig, mit offenen Augen, mit warmem, begeisterten Herzen, das Gewehr im Arm, das Pulver trocken, frei im Denken, aber von tief= empfundener religiöser Anschauung, leutselig und offen, bieder und treu, ohne Falsch und ohne Arg, ohne Neid und ohne Scheu — so schrittest du voran auf deiner Lebensbahn, von Stein zu Stein, von Meile zu Meile, bis zur letzten Station im 69. Jahre des Alters.

Gestrebt und gestritten hast Du — für Licht und Recht, für Wahrheit und Liebe, für das Reich Gottes unter den Menschen, auferbaut nicht in den sichtbaren Tempeln, viel= mehr im verborgenen Grunde des Herzens, so wie der Herr und Meister gesagt hat: Des Himmelreich ist inwendig in euch. —

Gestrebt und gestritten auch für die sichtbare Kirche, für ihre Befestigung, für ihren Ausbau, für ihr Gedeihen. Sammeln und nicht zerstreuen, vereinigen statt vereinzeln, zusammenführen die Gemeinden statt auseinander, in Bruder= liebe eng verbinden und nicht entzweien — dafür hast du gestrebt und gestritten, gewirkt und gelitten bis zum letzten Athemzuge, bis das Herz brach, bis dein Mund verstummte, bis dein Auge sich schloß und deine Hand erstarrte, die kurz vorher noch die hohen Betrachtungen über den Tod niedergeschrieben hatte."

Eberhard will ihm ein Denkmal setzen, aber keins von Stein und Erz, sondern es soll in der Verwirklichung der Lehren des Freiprotestantismus bestehen.

Die letzte Erzählung, „Hüben und drüben" betitelt, ist wohl von allen die gehaltreichste. Sie handelt von einem schweizerischen Jünglinge, der nach Amerika auswanderte und dort durch Fleiß und Sparsamkeit zu einem reichen Farmer wurde. Es ist „Uli, der Knecht und Pächter" in's Amerikanische übertragen. Im Ganzen genommen kann man wohl sogar sagen, daß Eberhards Volkserzählungen das Beste sind, was die deutsch=amerikanische Literatur in diesem speziellen Genre bis jetzt aufzuweisen hat.

# Die Fridthjof-Saga.

Mit der Aufzeichnung der für Historiker, Poëten und Forscher auf dem Gebiete der Mythologie und Religion so äußerst wichtigen isländischen Sagas wurde im elften Jahrhundert, also kurz nach der Uebertragung des Christenthums in den skandinavischen Norden, der Anfang gemacht und mit Ausnahme der Runenzeichen, die jedoch niemals zur Abfassung von Büchern benützt wurden, kann des Geistlichen Are Thorgilson (1067—1148) „Islendingabok" (Buch der Isländer) als das älteste Monument der isländischen Literatur angesehen werden. Dieses Werk, das seinem Verfasser das Epitheton „Herodot des Nordens" eintrug, ist übrigens nur ein Auszug eines größeren Werkes, dessen Original verloren gegangen ist; der Inhalt desselben ist uns jedoch in Snorre Sturlasson's († 1241) „Heimskringla"; in der „Knytlinga Saga", sowie im „Landnamabok" erhalten worden. In mehreren dieser Sagas spricht der Verfasser als Augenzeuge der von ihm geschilderten Begebenheiten; in den meisten aber haben wir dem Munde des Volkes entnommene

Aufzeichnungen zu erblicken, die in das nebelhafte Alterthum zu datiren sind und in denen das mythische Element mit dem historischen so fest verknüpft ist, daß es schwer, ja unmöglich ist, beide Bestandtheile von einander zu trennen.

Die bekannteste dieser Sagas ist die Fridthjof-Saga durch die Tegner'sche Bearbeitung geworden. Dieselbe, die wohl im zwölften oder dreizehnten Jahrhundert zum erstenmale aufgezeichnet wurde, bildet die Fortsetzung der Saga von Thorstein Vikingssohn und hat daher auch Tegner die Hauptmomente der letzteren in sein berühmtes Epos aufgenommen, sodaß zur gerechten Würdigung seiner der Weltliteratur angehörenden Dichtung eine gedrängte Inhaltsangabe beider Sagas von Interesse sein dürfte.

Nach der Thorstein-Saga trat eines Tages ein starker und schwerbewaffneter Mann in das Schloß des Königs Ring und verlangte von demselben, daß er ihm sein Reich abtrete und seine Tochter Hunvor zur Frau überlasse, widrigenfalls er oder ein Stellvertreter innerhalb vier Tagen einen Holmgang mit ihm wagen müsse. Trotzdem nun mancher der Mannen des Königs Ring die schöne Hunvor zur Gemahlin genommen hätte, so hatte doch keiner Lust, sein Leben für sie zu riskiren und sich mit Harek, dem Eisenkopfe, in einen verhängnißvollen Zweikampf einzulassen.

Hunvor schickte daher in aller Eile einen getreuen Diener zu einem Bauern auf der Vifilsinsel und ließ ihn bitten, seinen fünfzehnjährigen Sohn Viking zu ihrer Rettung an den Hof des Königs Ring zu senden.

Harek, der freche Eindringling, war der Sohn des Königs Kol, den man spottweise „den Buckligen" nannte, und der drei Schätze, nämlich das Schwert Angerwadil, einen goldenen Ring und ein zauberkräftiges Trinkhorn besaß. Wer aus dem unteren Theile desselben trank, ward vom Aussatz befallen und vergaß die Vergangenheit; ein Schluck aus dem oberen Theile hingegen restituirte Gedächtniß und Gesundheit. Kol's ältester Sohn hieß Björn, mit dem Beinamen „der Blauzahn", denn aus dem Munde ragte ihm ein langer, scharfer Zahn, mit welchem er seinen Gegnern tödtliche Wunden beibringen konnte. Harek, sein zweiter Sohn, hatte einen Kopf so hart und fest wie Eisen, und Ingjbald, sein dritter Sohn, zeichnete sich durch eine lange, unverwundbare Oberlippe aus. Letzterer erbte nach seines Vaters Tod das Reich desselben; seine Schwester Dis erhielt das zauberkräftige Trinkhorn, Harek den Ring und Björn das Schwert Angerwadil, die einzige Waffe, durch welche ein Mitglied der Familie Kol getödtet werden konnte. Vilsil schlug jedoch einst im Kampfe dem Björn jenes Schwert aus der Hand und nahm es an sich, sodaß er es nun seinem Sohn Viking zur Bekämpfung Hareks überlassen konnte. Harek stellte sich seinem jugendlichen Gegner ruhig und sorgenlos gegenüber und wartete spöttisch auf den ersten Hieb; als er aber den Angerwadil in dessen Händen erblickte, da zitterte er auf einmal wie Espenlaub und im nächsten Augenblicke fuhr ihm das Schwert blitzgleich durch Kopf und Oberkörper und drang bis an den Griff in den Erdboden. Darauf verlobten sich Hunvor und Viking; da jedoch erst nach drei Jahren die Hochzeit gefeiert werden sollte, so zog der junge Bräutigam auf neue Abenteuer aus, versprach jedoch, sich zur bestimmten Zeit wieder am Hofe Rings einzufinden.

Im Herbste des dritten Jahres seiner Kriegszüge kam er auf eine Insel und sah daselbst eine Jungfrau von außerordentlicher Schönheit. Sie grüßte ihn freundlich, sagte, sie heiße Solbjort (sonnenklar) und gab ihm aus einem Horn zu trinken, worauf er auf ihrem Schooße entschlief. Doch als er erwachte, war die Jungfrau verschwunden; er zitterte am ganzen Körper und er konnte sich auf nichts mehr, selbst nicht auf Hunvor besinnen. Kurz nachdem er sein Schiff betreten hatte, stellten sich bei ihm die Symptome des Aussatzes ein und Halfdan, ein Schiffskapitän, dem er auf seiner Weiterreise zufällig begegnete, erzählte ihm, daß jene Jungfrau Kol's Tochter Dis gewesen sei, die den Tod ihres Bruders Harek an ihm gerächt habe. Beide, Viking und Halfdan, schworen sich nun ewig Treue und Letzterer beredete den Zwerg Lit der Tochter Kol's das Zaubertrinkhorn zu entwenden. Dies gelang; Harek wurde durch den Gesundheitstrank vom Tode errettet und erhielt auch sein Gedächtniß wieder. Während dieser Zeit hatte nun Ingjbald das Reich des Königs Ring mit Krieg überzogen und Hunvor nebst ihrer schönen Dienerin und Freundin Ingeborg entführt. Viking und Halfdan bereiten sich, sobald sie davon Kunde erhielten, vor, die Angehörigen Kol's auszurotten; sie besiegten zuerst Jokul, den Gemahl der Dis und steinigten letztere zu Tode; dann nehmen sie Ingjbald gefangen und legen ihn in eiserne Fesseln. Halfdan heirathete dann Ingeborg und Viking Hunvor und Beide führten von nun an ein frisches, frohes Seeräuberleben.

Viking hatte neun Söhne; der älteste hieß Thorstein und da derselbe ein äußerst tapferer, zuverlässiger und starker Jüngling war, so erhielt er von seinem Vater als Erbe den

6

Angerwadil, mit dem er Wunder der Tapferkeit verrichtete. Thorstein war späterhin ein gewaltiger Krieger und Herrscher, der mit König Bele einen Freundschaftsbund auf Leben und Tod abschloß.

Der norwegische König Bele — und hiermit beginnt die Saga von Fridthjof, dem Starken — hatte drei Kinder, nämlich die Söhne Helge und Halfdan und die Tochter Ingeborg. Sein in der Nähe wohnender Freund Thorstein hatte nur einen Sohn, der Fridthjof hieß; derselbe zeichnete sich durch seine Stärke und Gewandtheit vor allen Jünglingen aus und war seiner Herzensgüte wegen bei Jung und Alt so sehr beliebt, daß ihm Jeder nur Gutes wünschte. Bele's Söhne hingegen waren sehr unbeliebt und so hochmüthig, daß sie den Fridthjof, als er um die Hand ihrer Schwester, mit welcher er zusammen bei dem Bauern Hilding aufgewachsen war, anhielt, barsch anfuhr und ihm bedeuteten, daß er, da er ihnen nicht ebenbürtig sei, sich keine Hoffnung auf ihre Schwester machen dürfe. Bele und Thorstein waren inzwischen gestorben.

Als König Ring, ein Freund Fridthjofs, von dem anmaßenden Auftreten Helge's und Halfdan's hörte, forderte er diese Könige auf, ihm Tribut zu entrichten, widrigenfalls er ihr Land mit Krieg überziehen werde. Doch dieselben ließen ihm sagen, er solle seine Mannschaft ruhig sammeln und schickten dann einen Boten an Fridthjof ab, um ihn um Hülfe zu bitten. Die Antworten, die der gerade mit dem Schachspiele beschäftigte Fridthjof jenen Boten gab, waren so doppelsinnig, daß die eigentliche Bedeutung derselben schwer zu enträthseln war. Währenddem nun Ring

den Söhnen Bele's entgegeneilte, zog Fridthjof nach Balders=
hagen, dem geweihten Gehöfte in der Nähe von Ingeborg's
Wohnung und verlobte sich heimlich mit seiner Jugendge=
liebten. Als nun Helge und Halfdan sahen, daß ihnen
Fridthjof nicht zur Hülfe eilte und sie den Truppen Bele's
doch nicht gewachsen waren, schlossen sie mit ihrem mächti=
gen Feinde Frieden, gaben ihm die schöne Ingeborg zur
Frau und traten ihm ein Drittel ihres Eigenthums ab.

Fridthjof wurde nun von den Söhnen Bele's in die
Fremde geschickt und um ihn sicher zu verderben, mußte eine
Hexe einen schrecklichen Seesturm heraufbeschwören. Doch
auch Fridthjof war in der Kunst der Zauberei nicht unbe=
wandert; seine Mannen und sein gutes Schiff Ellide ver=
standen seine magischen Lieder und vereitelten alle gegen
sie geschmiedeten Pläne. Bei seiner Rückkehr vernimmt er,
daß Helge und Halfdan sein Haus inzwischen niedergebrannt
und sein Gut zerstört hatten und zu seinem größten Aerger
erblickt er den Ring, den er einst Ingeborg geschenkt hatte,
an der Hand der Gemahlin Helge's. Augenblicklich reißt
er denselben an sich und steckt das Haus der Könige in
Brand. Darnach wird er Seeräuber und sammelt als solcher
große Reichthümer. Durch eine Maske unkenntlich gemacht,
kommt er später an den Hof des Königs Ring. Auf die
Frage, wer er sei, erwidert er:

> „Da hieß ich Friedensdieb,
> Als ich fuhr mit Wikingern;
> Aber Heerdieb
> Als ich härmte Wittwen;
> Geerdieb, als ich
> Geere schleuderte;

> Kampfdieb, als ich
> Ging zum Kampfe;
> Inseldieb, als ich
> Inseln plünderte;
> Todesdieb, als ich
> Kindlein spießte;
> Kraftdieb, als ich
> War über Männer.
> Seitdem nun schweift' ich
> Mit Salzgreisen,
> Hülfsbedürftig
> Eh' ich hierherkam."

König Ring hieß ihn nun willkommen und er bleibt auch den ganzen Winter hindurch da und erwirbt sich durch das Austheilen reicher Geschenke viele Freunde. Als er nun im Frühjahre wieder abreisen will, erklärte Ring, daß er ihn gleich bei seinem ersten Auftreten erkannt habe und bittet ihn, da er nun alt und seine Kinder noch unmündig seien, doch da zu bleiben, er wolle ihm ja gerne seine Gemahlin Ingeborg sowie sein ganzes Reich überlassen. Fridthjof erklärte nun, diese Offerte erst nach Rings Tod anzunehmen und bleibt also da. Nachdem er nun der Gemahl Ingeborgs geworden ist, bedrohen ihn die hochmüthigen Brüder derselben mit Krieg; derselbe endet jedoch mit der Erschlagung Helge's und der vollständigen Unterwerfung Halfdan's, wodurch Fridthjof zum Könige über ein weites Gebiet wird. Damit endet die Saga von Fridthjof dem Starken.

Diese schlichte Saga unterscheidet sich von den meisten altnordischen dadurch, daß sie durch die Einführung eines Liebesverhältnisses mit einem zarten romantischen Zauber umgeben ist; denn die Liebe zwischen Fridthjof und Ingeborg ist schließlich doch das Hauptmoment, das sie einer wirkungsvollen Neubelebung fähig machte. Ingeborg nimmt am Verlaufe der Erzählung allerdings nur einen passiven Antheil; sie unterdrückt ihre Herzenswünsche mit stummer Resignation und fügt sich, ohne mit dem Schicksale zu hadern, willig in das allgemein anerkannte Gesetz, welches der Jungfrau die Verfügung über ihre Hand versagt und sie zum willenlosen Besitzthum ihres Vaters oder ihrer Brüder macht. Tegner hat diese Episode allerdings etwas modernisirt oder vielmehr romantisirt, im Ganzen genommen aber hat er die Ingeborg doch noch zu passiv hingestellt, um sie dem heutigen Geschmack und der heutigen Ansicht von der Würde und Selbstbestimmung des Weibes nahe zu bringen. Sie selbst versucht auch rein gar nichts und ist zu keinem Opfer fähig, um ihrem Geliebten unangenehme Erfahrungen zu ersparen; stets zeigt sie, daß der kindliche Gehorsam ein stärkeres Motiv ihrer Handlungen ist als die Liebe zu Fridthjof.

In den altnordischen Sagas ist das Rohe mit dem Edlen, das Barbarische mit dem Hochherzigen organisch verbunden, und wenn auch die unserer Weltanschauung widerstrebenden Elemente in einer Neudichtung nicht gänzlich ausgemerzt werden dürfen, um den ursprünglichen Charakter nicht zu beeinträchtigen, so müssen sie doch insofern gemildert werden, daß die handelnden Personen uns nicht allzu fremd gegenüber treten und unsere Sympathie nicht ganz und gar verscherzen. Dies ist nun Tegner in hohem Grade gelungen. In seinem Epos heult der eisige Nordwind, doch bringt derselbe keine Alles erstarrende Kälte; es treten darin gute und böse Geister, Trolle und Hexen auf und suchen den Helden entweder zu retten oder zu verderben; schließlich aber ist doch stets das Glück auf Seiten Fridthjof's.

Mit der Lektüre der alten Sagas vertreibt sich heute noch der Isländer die Zeit der langen Winterabende; denn die Abenteuer und Fahrten der alten Vikinger und ihre waghalsigen Entdeckungs- und Eroberungsreisen nach Asien, Afrika und Amerika haben immer noch einen unwiderstehlichen Reiz für ihn. Der Name des milden Königs Ring lebt noch heute im Munde der Norweger, und Tegner's Gedicht findet man in den meisten skandinavischen Bauernhäusern neben der Bibel liegen; denn es ist dem Nordländer die moderne Edda geworden, aus welcher er die Hauptsprüche der Havamal auf's Neue vernimmt und seine alten Götter wiederfindet.

# Was ein Amerikaner in Deutschland sah.

Henry Ruggles, ein früherer amerikanischer Konsul auf der Insel Malta und in Barcelona, hat sich zwei Jahre lang in Deutschland aufgehalten und darüber in seinem Buche „Germany seen without spectacles" (Boston 1883) Bericht erstattet. Da er darin fast nur von der nationalen Dreieinigkeit Deutschlands, nämlich von Bier, Sauerkraut und Musik zu erzählen weiß, so muß man glauben, diese drei Dinge haben ihn daselbst so sehr in Anspruch genommen, daß er für andere Gegenstände keine Zeit mehr hatte. Amerika, sagt er, wird ja von europäischen Reisenden heimgesucht und wenn dieselben in ihre alte Heimath zurückkehren, so veröffentlichen sie Bücher, in denen sie durchaus nicht glimpflich mit den Amerikanern verfahren. Dazu haben sie natürlich ein Recht und gibt der Verfasser auch zu, daß die betreffenden Schriften Dickens' und Trollope's den Amerikanern einen Spiegel vorgehalten haben, in dem sie sich einmal von einer anderen Seite betrachten konnten.

Ruggles hat gar viel an Deutschland auszusetzen, ohne daß er übrigens in dieser Hinsicht etwas Neues zu sagen hätte, denn er kennt dieses Land doch nur höchst oberflächlich. Auch erzählt er in seinem Buche Geschichten, die ihm sicherlich ein direkter Abkömmling des Barons Münchhausen mitgetheilt hat. Ohne Grund tadelt er jedoch nirgends; wenn er die Kneipereien und Duelle der Studenten verdammt und die üble Lage der ärmeren Frauen bedauert, so braucht sich deshalb gerade kein Urgermane beleidigt zu fühlen. Daß das Biertrinken das Nationallaster der Deutschen ist, wußten die Amerikaner auch schon vor Ruggles; wenn aber derselbe hinzufügt, daß dieses Laster noch lange nicht so schlimm sei, wie das Whiskeytrinken der Amerikaner und wenn er fernerhin bemerkt, daß man in Amerika zwanzig Mal mehr Betrunkene sehe als in Deutschland, und wenn er drittens sagt, daß Amerika vier Mal so viele Verbrecher als das deutsche Kaiserreich aufzuweisen habe, so macht er seinen Landsleuten nichts weniger als ein Kompliment.

Ruggles hält die Deutschen für die ehrlichsten Leute auf der Welt. Den Kassendieb, sagt er, schütze weder Verwandtschaft, noch Einfluß vor der gesetzlichen Strafe. Wenn es in dieser Hinsicht nur in Amerika auch so wäre! Er bewundert aufrichtig die unparteiische Ausführung der Gesetze. Die stehende Armee Deutschlands hält er für einen Mühlstein an dem Halse der Nation, und sagt, sie habe die Verachtung ehrlicher Arbeit und die Schaffung einer militärischen Aristokratie im Gefolge.

Das Schrecklichste aber, was ihm in Deutschland vorgekommen ist, sind die vielen armen, alten Frauen, die von

Morgens früh bis Abends spät für einige Pfennige auf dem Felde Knechtsdienste verrichten müssen. Wir finden in dem Buche die Behauptung, daß in Deutschland bisweilen Frauen das Zugthier vor dem Pfluge vertreten. Es ist dies bekanntlich schon oft von den Frauenrechtlerinnen behauptet worden; wir unsererseits haben niemals etwas Derartiges in Deutschland gesehen, und wenn es je einmal vorkommt, so ist es jedenfalls ein vereinzelter Fall.

In Heidelberg wohnte Ruggles einer Duellscene bei. Dieselbe rang ihm die Bemerkung ab, daß, wenn ein Kaiser einen Mann, der früher ein gewaltiger Schläger war, zu seinem ersten Minister ernenne, er auch nicht einzusehen vermöge, warum man nicht etwa einen notorischen Faustkämpfer in den Kongreß wählen könne?

Fast auf jeder Seite seines Buches ist des deutschen Bierkultus ausführlich Erwähnung gethan. Deutschland rieche nach Hopfen und Malz. Die Engländer sollten sich doch auch auf das Biertrinken verstehen; im Vergleiche mit den Deutschen aber seien sie nur ABC-Schützen. Bierkneipen befinden sich in allen Haupt- und Nebenstraßen; man habe sie über und unter der Erde. Ehe der Deutsche, schreibt Ruggles, sich morgens an den Frühstückstisch setzt, habe er sich sicherlich schon durch ein paar Glas Bier gestärkt. Selbst sein Kaffee sei Bier. Trotzdem er Vormittags mehr Gläser leere, als er Finger an beiden Händen habe, so entwickele sich doch erst sein eigentlicher Durst nach dem Mittagessen und was er dann bis um 12 Uhr des Nachts zu sich nehme, sei unmöglich zu zählen. Von den Heidelberger Professoren berichtet er, daß sie während ihrer Vorlesungen häufig in einem Nebenzimmer ihre Kehle anfeuchteten und daß sie des Abends oft etwa 30 bis 40 Glas Bier zu sich nähmen. Wer als Student seine 70 Glas auf einem Sitz trinke, sei der Liebling aller Professoren.

Eine solche, theils oberflächliche, theils geradezu einfältige Beurtheilung deutscher Sitte nennt Ruggles „Germany seen without spectacles". Die Brille, durch welche Ruggles sich das deutsche Leben betrachtete, war sehr schlecht, und sein Buch, das absolut keinen literarischen Werth besitzt, wäre überhaupt nicht der Erwähnung werth gewesen, wenn nicht gerade solche Machwerke am meisten geeignet wären, die Amerikaner in ihren Vorurtheilen gegen Deutschland und die Deutschen zu bestärken.

In Stuttgart, wo Ruggles sich ebenfalls längere Zeit aufhielt, interessirte er sich am Meisten für Musik, und da sich auf dem dortigen Konservatorium viele amerikanische Schüler und Schülerinnen befinden, so gibt er denselben den wohlgemeinten Rath, betreffs ihrer musikalischen Anlagen dem Urtheile der dortigen Professoren mehr Glauben zu schenken als ihren alten Tanten zu Hause, die da gewöhnlich der Ansicht sind, daß jeder amerikanische Pianospieler in Stuttgart in einigen Monaten so viel lernen könne, um es bequem mit Rubinstein aufzunehmen.

## Samuel Stehman Haldeman.

Der bedeutende amerikanische Natur- und Sprachforscher S. S. Haldeman, wurde am 12. August 1812 zu Locust Grove, Lancaster County, Pa., geboren. Seine Vorfahren, von denen sich mehrere einen geachteten Namen in der Geschichte errungen haben,*) stammten aus der Schweiz.

Nachdem Haldeman einen Elementarunterricht, so gut es die Umstände erlaubten, genossen hatte, schickten ihn seine Eltern zur weiteren Ausbildung zu Dr. John M. Keagy, der sich von der ärztlichen Praxis zurückgezogen und in Harrisburg eine klassische Privatschule errichtet hatte. Späterhin bezog er das Dickinson College in Carlisle, auf dem er jedoch nur zwei Jahre lang blieb, worauf er wieder nach Hause ging und seine schon in früher Kindheit begonnenen Naturstudien, so gut es ging, fortsetzte. 1835 verheirathete

---

*) Siehe darüber die August-Nummer des Penn. Monthly, Philadelphia 1881.

er sich und zog nach Chickies, wohin ihm bald zwei seiner Brü=
der folgten und sich mit ihm der Eisenfabrikation widmeten.
Damals schrieb er auch eine längere Abhandlung über Locke's
sogenannte Moon hoax und verwies die betreffende Affaire
in das Reich des höheren Schwindels. Dieser Locke, der
Mitarbeiter der New-Yorker Sun war, hatte 1835 in dem
genannten Blatte Artikel über die außerordentlichen Entdeck=
ungen, die der Astronom Herschel durch ein Teleskop von
24 Fuß Durchmesser auf der Mondoberfläche gemacht haben
sollte, mit glühenden Farben beschrieben, was, da jene Ar=
tikel eine streng wissenschaftliche Färbung trugen, in der
gesammten gebildeten Welt eine solche Sensation hervorrief,
daß dieselbe in Broschürenform herausgegeben werden mußte,
und in wenigen Monaten 60,000 Exemplare davon ver=
kauft wurden.

In seiner Eigenschaft als Assistent des Geologen Pro=
fessor Rogers, entdeckte Haldeman die bisher unbekannte
fossile Pflanzenspecies Scolithus linearis, worüber er
1840 eine ausführliche Monographie veröffentlichte. Die
Frucht seiner mit besonderer Vorliebe gepflegten Studien
auf dem Gebiete der Konchologie gab er unter dem Titel
„Freshwater Univalve Mollusca of the United
States" heraus, wovon im ganzen neun Lieferungen er=
schienen. Dieses Werk, das in der Pariser Revue zoolo=
gique sehr günstig besprochen wurde, ist sehr selten ge=
worden und werden vollständige Exemplare mit einem sehr
hohen Preise bezahlt.

Auch nahm Haldeman großes Interesse an den ame=
rikanischen Aboriginalsprachen, und da ihm die bisherige

Bezeichnung der Aussprache zur genauen Darstellung der
Laute ungenügend schien, so untersuchte er die Aussprache
des Lateinischen gründlich, denn er wollte das Alphabet
dieser Sprache zur Notation der Indianersprache verwenden.
Zu diesem Zwecke studirte er alle ihm zugänglichen Werke,
ohne jedoch seinen Autoritäten blindlings zu folgen. Die
Frucht seiner Studien über die lateinische Aussprache erschien
1851 unter dem Titel „Elements of Latin Pronuncia-
tion" (Philadelphia 1851; 2. verbesserte Auflage 1873).

Seine fortgesetzten philologischen Studien befähigten
ihn, sich um den von Sir Walter Trevelyan, dem Präsidenten
der phonetischen Gesellschaft von Großbritannien, ausgesetzten
Preis von hundert Pfund Sterling für die beste Arbeit
über die Reform der englischen Orthographie auf Grundlage
der Laute zu bewerben. Achtzehn der bedeutendsten Sprach=
gelehrten Europa's sandten Essays ein, aber kein einziger
entsprach den Anforderungen der Preisrichter, doch wurde
Haldeman's Arbeit als die relativ beste bezeichnet und dem
Verfasser unter der Bedingung der Preis zuerkannt, daß
er seine Schrift nochmals durcharbeite und in den Druck
gebe. Dies that er denn auch und um 1860 erschien der
Quartband „Analytic Orthography: an investigation
of the sounds of the voice, and their alphabetic
notation including the mechanism of speech, and
its bearing to ethnology." Darin stellt er die Regeln
auf, daß jeder einfache Laut ein einfaches Zeichen haben
sollte und kein Buchstabe mehr als einen Laut darstellen
dürfe.

Haldeman entwickelte darin eine erstaunliche Belesenheit
in der philologischen Literatur der alten und neuen Welt

und geizt mit Citaten durchaus nicht. Zur genauen Darstellung seiner phonetischen Prinzipien hat er eine Masse neuer Typen erfinden müssen, die wohl schwerlich jemals in irgend einer Sprache Eingang finden werden. Trotzdem er alle seine Gewährsmänner mit kritischer Schärfe gebraucht und besonders an dem Lepsius'schen Alphabet viel auszusetzen hat, würde man jedoch zu viel wagen, alle seine Behauptungen für unumstößlich zuverlässig anzunehmen.

1865 publizierte Haldeman das nützliche Werk „Affixes, in their origin and application, exhibiting the etymoligic structure of English words." (2. Aufl. Philadelphia 1871.) Die englische Sprache, sagt er darin, hat ungefähr 3,200 einsilbige Wörter, die jedoch keine eigentlichen Wurzelwörter sind, sondern Vor- und Nachsilben haben, die meist nur durch einen Buchstaben ausgedrückt sind. Diese Vor- und Nachsilben nun zur Anschauung zu bringen, ist der Zweck des genannten Werkes, das in Fachkreisen in hohem Ansehen steht.

1872 veröffentlichte er „Pennsylvania Dutch: a dialect of South German with an infusion of English," ein Werkchen, das er auf Veranlassung des englischen Philologen Alexander J. Ellis geschrieben hatte. Die Darstellung, die Haldeman von dem genannten Jargon der nichts anderes, als ein durch die englische Umgangssprache corrumpirter süddeutscher Dialekt ist, liefert, zeichnet sich durch große Gründlichkeit aus und ist bis jetzt die einzige wirklich wissenschaftliche Würdigung, die dem Pennsylvanisch-Deutschen bis jetzt widerfahren ist. Nach unserer Ansicht hat er diesem Thema eine nicht zu rechtfertigende Wichtigkeit beigelegt.

Haldeman's „Outlines of Etymology," ein an interessanten Notizen reiches Werk, erschien 1877 zu Philadelphia. Die „Rhymes of the Poets," eine 1868 unter dem Pseudonym Felix Ago herausgegebene Schrift, ist eine Frucht seiner phonetischen Studien und besteht aus einer Sammlung falscher und mitunter lächerlicher Reime, die sich in den Werken der hauptsächlichsten Dichter des 17., 18. und 19. Jahrhunderts vorfinden.

Von seinen zahlreichen Flugschriften war besonders die über Wilson's amerikanische Lesebücher von durchschlagender Wirkung; er wies darin eine Anzahl naturhistorischer Irrthümer nach und bewerkstelligte durch seine unbarmherzige Kritik, daß die Verleger jener viel verbreiteten Schullesebücher schleunigst eine bessere Ausgabe veranstalteten. Haldeman hätte überhaupt noch weiter gehen und auseinandersetzen sollen, daß ein Lesebuch an und für sich kein Realbuch sein darf, da es anderen Zwecken zu dienen hat.

Haldeman war an mehreren Colleges Professor der Naturgeschichte. 1869 wurde er zum Professor der vergleichenden Philologie an der Universität von Pennsylvanien ernannt. Am 10. September 1880 starb er in seiner alten Heimath zu Chickies. Außer zwei komischen Heldengedichten hinterließ er die Werke „Wordbuilding" und „English Prosody", wovon das erstere bereits gedruckt worden ist.

# Eine Revolutions-Reliquie.

Von allen deutschen Schriftstellern, die jemals in Amerika gelebt und gewirkt haben, ist es doch keinem gelungen, eine solche Schaar von treuen Anhängern und opferbereiten Freunden um sich zu versammeln, wie dem nun seit Jahren verstorbenen Radikalissimus Karl Heinzen.

Erführte seiner Zeit im „Pionier" allerdings eine scharfe, muthige Sprache, die damals selbst in den Kreisen seiner ihm bedingslos ergebenen Verehrer nicht immer Billigung fand; doch wenn man heute zu alten Jahrgängen des „Pionier" zurückgreift, oder Heinzen's in mehreren Bänden niedergelegten und energisch vertretenen Ansichten über frühere politische Zustände und deren Macher im alten und neuen Vaterlande liest, so muß man doch, so wenig man auch zur Zeit der ersten Publikation damit einverstanden gewesen sein mag, unwillkürlich zu der Ueberzeugung kommen, daß der genannte Agitator einen seltenen Scharfblick für Menschen und Verhältnisse besaß und daß inzwischen die meisten von ihm ausgesprochenen Prophezeihungen buchstäblich in Erfüllung gegangen sind.

Heinzen war im Dezember 1847, nachdem er sich in Deutschland und der Schweiz durch seine hauptsächlich in „Brandschriften" geäußerte revolutionäre Thätigkeit unmöglich gemacht hatte, mit zusammengeborgtem Reisegelde, zu dem auch der Komponist Meyerbeer einige hundert Franken bei= gesteuert hatte, über Havre auf dem Dampfer Mississippi nach Amerika abgefahren, woselbst er durch Vermittlung seines Freundes Eichthal, des Redakteurs der New=Yorker „Schnellpost", einen seinen Neigungen und Fähigkeiten ent= sprechenden Wirkungskreis zu finden hoffte.

Eichthal, mit dem Heinzen durch Vermittlung Freili= grath's in Verbindung getreten war und der dem deutschen Revoluzzer insofern den Weg nach Amerika geebnet, als er dessen Hauptschriften in der „Schnellpost" nachgedruckt hatte, war jedoch, währenddem sich Heinzen auf dem Ozean be= fand, gestorben und der berüchtigte professionelle Renegat Doviat saß nun auf seinem Redaktionsstuhle, so daß also unser Radikalissimus bei seinem Betreten des amerikanischen Bodens gleich von einer doppelten Enttäuschung begrüßt wurde.

Die New=Yorker „Aristokrätler", die er die geistlosesten, engherzigsten, ordinärsten und reaktionärsten Geldschacherer und Geldprahler nennt, gaben ihm, dem „großen Manne", zu Ehren allerdings zahlreiche Feste, bei denen der Wein in Strömen floß und endlose Reden gehalten wurden; aber er hatte keine Lust, sich von diesen hohlköpfigen Protzen beweih= räuchern zu lassen und da er nur zu gut wußte, daß die in heiterer Weinlaune liberal gegebenen Versprechungen schon am nächsten Tage vergessen sind, so übernahm er die durch Doviat's freiwillige Resignation erledigte Redaktionsstelle der

7

„Schnellpost" und setzte nun seine politische Agitation mit ungeschwächten Kräften fort.

Als nun 1848 in Paris die Februar=Revolution aus= brach, erließ Heinzen einen Aufruf zur Gründung eines Ver= eins, dessen Aufgabe es sei, die sicherlich bald in Deutschland eintretende republikanische Schilderhebung zu unterstützen und die Folge davon war, daß er schon am 25. März, mit eini= gen hundert Dollars versehen, die Reise nach Europa als „deutsch=amerikanischer Gesandter" antreten konnte.

Nachdem er in Frankreich gelandet, vernahm er auch schon die frohe Mär, daß die Revolution in Deutschland be= reits in vollem Gange sei und daß Hecker die Leitung der Freischaaren übernommen hatte. Eine günstigere Gelegen= heit, wirksam in den Gang der Aktion einzugreifen, konnte sich Heinzen nun nicht denken. Er schloß sich also dem Mann= heimer Volksführer an und betheiligte sich an dem Hecker'schen Putsch, was er später als den dümmsten Streich seines ganzen Lebens bezeichnete.

Als er mit Hecker und dessen schlecht bewaffneten und noch schlechter geführten Freischärlern auf der berühmten, an der Schweizergrenze gelegenen Schusterinsel zusammentraf und ihn näher kennen lernte, sah er auch gleich ein, daß der badische Advokat zu Allem, nur nicht zur Leitung eines revolutionären Volksaufstandes das nöthige Zeug hatte und seit dieser Zeit hat sich Heinzen keine Gelegenheit entgehen lassen, um ihn beständig als den verwöhnten Götzen einer urtheilslosen Masse und Ochsentreiber hinzustellen. Bis an ihr Ende verband diese Brücke die grimmigste Feindschaft und sie sympathisirten nur soweit mit einander als beide beharrlich „teutsch" und „Teutschland" schrieben.

Als nun auch Hecker von dem sonst gutmüthigen, grundehrlichen aber etwas phantastischen Struve derb abgetanzelt worden war, und er sich immer mehr als unpraktischer Schwadroneur entpuppte, übernahmen Sturm und Heinzen die weitere Agitation und gründeten auf französischem Boden ein späterhin von dem Betteldichter Lamartine des Landes verwiesenes Revolutions-Comitee, das unter Anderem auch die Pflicht hatte, für die finanzielle Grundlage der deutschen Volksbewegung zu sorgen.

Aus dieser Zeit stammt ein mir vorliegender, ort- und datumloser und auf siebenhundert Gulden lautender und von Struve und Heinzen unterzeichneter Schuldschein der deutschen Republik, welcher seiner Seltenheit wegen eine nähere Beschreibung verdient.

Der betreffende Schuldschein ist — nicht mit dem Zollstocke, sondern mit dem Auge gemessen — 8 Zoll lang und 6 Zoll breit. Auf der obern linken Ecke steht in lateinischer Schrift: „Gut für 700 fl. oder 400 Thlr.", und gegenüber auf der rechten „mit 5 vom Hundert verzinslich" zu lesen; unten links sieht man die Worte „Die Bruderhand allen Völkern" und rechts „1. Buch Samuel's, Kap. 8, Vers 10—17", woraus zu schließen ist, daß das Revolutions-Comitee jeden deutschen Republikaner im Besitze einer Bibel glaubte, trotzdem Heinzen, beiläufig bemerkt, oft genug behauptet hatte, daß die Existenz dieses Buches der Welt mehr Unglück als Segen gebracht. Nun, die Bibel ist ein großes Buch, das für alle Lagen des Lebens passende Sprüche enthält und auf das sich im Nothfalle sogar die philosophischen Monisten berufen können, da weder Vogt, Moleschott noch

Büchner materialistischere Lehren gepredigt haben, als z. B. in dem Buche „Die Weisheit Salomonis" enthalten sind.

Da nun ferner die heterogensten Sekten für ihre speziellen Ideen darin mindestens einen inspirirten Vers gefunden haben, so sehen wir nicht ein, warum sich die deutschen Republikaner nicht ebenfalls eines ihnen passenden Bibelspruches bedienen durften. Da nun die Quelle desselben auf besagtem Schuldschein abgedruckt ist und die Bibel den gesinnungsgetreuen Zeitgenossen und Nachkommen jener Achtundvierziger doch nicht immer zur Hand ist, so wollen wir die betreffende Stelle hier wörtlich wiedergeben:

10. Und Samuel sagte alle Worte des Herrn dem Volk, das von ihm einen König forderte.

11. Das wird des Königs Recht sein, der über euch herrschen wird: Eure Söhne wird er nehmen zu seinem Wagen, und Reitern, die vor seinem Wagen hertraben;

12. Und zu Hauptleuten über tausend und über fünfzig, und zu Ackerleuten, die ihm seinen Acker bauen, und zu Schnittern in seiner Ernte, und daß sie seinen Harnisch, und was zu seinem Wagen gehört, machen.

13. Eure Tochter aber wird er nehmen, daß sie Apothekerinnen, Köchinnen und Bäckerinnen seien.

14. Eure besten Aecker und Weinberge und Oelgärten wird er nehmen, und seinen Knechten geben.

15. Dazu von eurer Saat und Weinbergen wird er den Zehnten nehmen, und seinen Kämmerern und Knechten geben.

16. Und eure Knechte und Mägde, und eure feinsten Jünglinge, und eure Esel wird er nehmen, und seine Geschäfte damit ausrichten.

17. Von euren Heerden wird er den Zehnten nehmen, und Ihr müsset seine Knechte sein."

Die Hauptinschrift der vorliegenden Revolutions-Reliquie lautet:

**Freiwilliges Anlehen zu Gunsten der deutschen Republik.**
Schuldschein
Für Gulden 700, od. 400 Thl.
Die Gesellschaft deutscher Republikaner,
in deren Namen:

und darunter befinden sich die lithographirten Autogramme von G. Struve und K. Heinzen, dem „Obergeschäftsführer."

Von den vier Etiketten des Schuldscheines zeigt das linke einen Baum, an dessen Stamm zwei von einem Lorbeerkranz umgebene Schwerter gelehnt sind. Eines dieser Schwerter ist jedoch so undeutlich gezeichnet, daß man es gerade so gut für eine Harfe halten kann, so daß also dieses Bild „Leyer und Schwert" vorstellen dürfte. Ihm gegenüber steht die Freiheitsgöttin mit großer Fahne und dem obligat entblößten linken Knie.

Auf dem oberen Querbilde befinden sich zwischen den auf schwarz-roth-goldenem Grunde prangenden Worte „Freiheit, Bildung, Wohlstand" zwei sitzende Jungfrauen, von denen die eine, eine Garbe in der Hand haltend, auf einen vor ihr stehenden Blumenkorb blickt, währenddem die andere, mit Schild und Schwert bewaffnet, das Antlitz nach dem von unzähligen Schiffen befahrenen Meere wendet.

Auf dem unteren Querbilde sind mehrere pudelnackte Knaben mit Fischen, Graben, Hämmern, Geigen, Meißeln und Lesen beschäftigt; nur ein leicht bekleidetes Mädchen befindet sich in ihrer Gesellschaft, das sich mit einer Spindel zu schaffen macht. Damit nicht etwa eine monarchische Mordbande die nützliche Thätigkeit dieser Friedenshelden störe, müssen drei uniformlose, mit unmilitärischen Wollköpfen behaftete und mit Schwert und Muskete bewaffnete Jungen Schildwache stehen.

Merkwürdigerweise befindet sich kein einziger „Zuschauer" darunter — merkwürdig deshalb, weil nach Heinzen's oft ausgesprochener Ueberzeugung der Völkerbeglücker Strube kein neues humanes Unternehmen beginnen konnte, ohne zuerst an die Gründung eines „Zuschauers" — so heißen nämlich mehrere von ihm geleitete Zeitungen — zu denken.

Auf der Rückseite besagten Schuldscheines steht Folgendes zu lesen:

### Plan zur Abschließung einer Anleihe zu Gunsten der Deutschen Republik.

So oft eine Zeit außerordentliche Anstrengungen machen muß, hat sie das Recht, die Zukunft in Anspruch zu nehmen. In der Nothwendigkeit, an die Zukunft eine Forderung zu stellen, befinden sich jetzt die Republikaner. Die Gegenwart verlangt die Verdrängung des Systems der Verdummung, Knechtung und Aussaugung des Volkes durch eine auf dem Grundsatze: Wohlstand, Bildung, Freiheit für Alle beruhenden Staatsverfassung und Verwaltung. Ohne außerordentliche Opfer an Geld und Menschenkräften kann dies erhabene Ziel nicht erreicht werden. Der entschiedenere Theil des Volkes weiht der republikanischen Sache Leben und Gut. Groß ist das Kapital an Menschenkräften, wel-

ches er vorschießt. Mit Menschenkräften allein ist nicht alles
gethan. Darum sollen diejenigen, welche der Republik keine
oder nur geringe Lebensthätigkeit zu opfern vermögen, auf
andere Weise der Sache Vorschub leisten. Dieses kann ge=
schehen durch Geldbeiträge, welche sie der werdenden Republik
vorschießen. Welch schöne Wirksamkeit wird hiermit älteren
Männern und vornehmlich auch deutschen Frauen und Jung=
frauen eröffnet!

Auf Euch setzen bei diesem Unternehmen die Republi=
kaner große Hoffnungen. Und wer verzweifelt noch an der
republikanischen Zukunft Deutschlands?

Von diesen Grundansichten ging eine Gesellschaft deut=
scher Republikaner aus. Sie beschloß, zu Gunsten der deut=
schen Republik eine Anleihe zu kontrahiren und dazu Schuld=
scheine in folgendem Werthe auszustellen:

1) à 35 kr. oder $^{1}/_{3}$ Thaler. — 2) à 1 fl. 48 kr. oder
1 Thaler. — 3) à fl. 7 oder 4 Thaler. — 4) à fl. 70
oder 40 Thaler. — 5) à fl. 700 oder 400 Thaler.

Viele Republikaner hatten sich schon im Voraus zur
Uebernahme dieser Schuldscheine verpflichtet. Sie sind zu
haben bei der Centralverwaltung und den von derselben be=
zeichneten Agenturen. Der Träger eines solchen Tickets ist
Gläubiger der deutschen Republik; er erhält nebst diesem
noch eine Urkunde, die als Beweis rechtmäßigen Erwerbes
dient. Dieselbe muß bei einer Handänderung erneuert werden.
Der Ertrag dieser Anleihe wird verwendet: zur Verbreitung
demokratischer Grundsätze, zur Anstrebung freistaatlicher Zu=
stände und zur Versorgung Aller im Streben für die Frei=

heit verunglückten Genossen und ihrer Familien. Der Grundsatz: Einer für Alle und Alle für Einen soll damit praktizirt werden, kein Mitglied darf untergehen. Dem Arbeitsfähigen wird Beschäftigung und nur dem Arbeitsunfähigen unmittelbare Hilfe verschafft. Mit den Gleichgesinnten aller Völker setzt man sich in gutes Einvernehmen. Nach Bestimmung und Richtung der Geldverwendung werden Kapitalstöcke mit Reservefonds gebildet. Die Rückzahlung mit fünf Prozent Zinsen geschieht, sobald die deutsche Republik gegründet ist. Die Anstalt ist eine öffentliche. Dieselbe kann sich nicht nur bei sicheren Gewerbsanstalten durch Einschüsse interessiren, sondern auch solche gründen, dadurch ihren Anhängern Beschäftigung verschaffen und ihr gemeinsames Vermögen vergrößern. Die Oberaufsicht des ganzen Vermögens üben beständig die unterzeichneten Mitglieder des Verwaltungsrathes und eine Aufsichtsbehörde von 15 Mitgliedern periodisch. Eine General-Versammlung wird von Zeit zu Zeit gehalten, eine Commission von drei Mitgliedern zur Prüfung der Schlußrechnung erwählt, ein summarisches Gutachten derselben veröffentlicht. Der Verwaltungsrath ernennt den Obergeschäftsführer, Schatzmeister, die Agenten, hat die Bestätigung deren Gehilfen. Näheres besagt das Geschäftsreglement; fernere Bestimmungen bleiben der Gesellschaft vorbehalten."

Dem steifen, unbeholfenen Stile nach zu urtheilen, stammt dieser „Plan" aus der Feder Struve's, denn Heinzen schrieb nicht nur ein höchst elegantes, sondern ein mitunter wahrhaft klassisches Deutsch.

Viel wird jedoch aus dem Verkaufe derartiger Schuldscheine nicht realisirt worden sein, wenigstens nicht für die

Unterzeichner derselben, denn Heinzen wurde nach dem Scheitern der republikanischen Propaganda wegen gänzlicher Mittellosigkeit auf Kosten der Schweizer-Regierung außer Landes geschickt, und auch für Gustav Struve ist dabei so wenig abgefallen, wie für die Inhaber jener Bonds.

## Joaquin Miller,
### amerikanischer Pferdedieb und Dichter.

Vor ungefähr zwanzig Jahren gab es in Amerika keinen Dichter, über den mehr geschrieben und gesprochen wurde, als über den nun ziemlich vergessenen Joaquin Miller. Seine unter außergewöhnlichen Verhältnissen zu London publizirten „Songs of the Sierras" hatten ihn plötzlich zum Löwen des Tages gemacht; die „Revue des deux Mondes" übersetzte damals eine jede Skizze aus seiner Feder und selbst die „Gartenlaube" brachte sein Bild nebst mangelhafter Lebensbeschreibung.

Joaquin Miller (eigentlich heißen seine Vornamen Cincinnatus Heine), der in Idaho, Colorado, Oregon und Californien ein wildes Leben geführt und abwechselnd ein jedes gesetzliche und ungesetzliche Geschäft, wie es in der Wildniß am Platze ist, betrieben, in keinem aber reüssirt hatte, war im Herbste 1870 nach Europa gegangen, um daselbst auf einen Verleger für seine Gedichte Jagd zu machen.

In Oregon, wo er kurz vorher Bezirksrichter gewesen
war, ohne von den amerikanischen Gesetzen so viel zu ver=
stehen, wie von den Geheimnissen der englischen Orthographie,
hatte man ihn, obschon er sich damals eines soliden Lebens
befleißigte, doch nur für einen gutmüthigen, aber unzuver=
lässigen Narren gehalten, nämlich seines excentrischen Wesens
wegen, und seine Gemahlin, die unter dem Dichternamen
„Minne Myrtle" schreibende starkgeistige, aber schwachkörper=
liche Frau, die er einst an einem Donnerstag kennen gelernt
und am Sonntag darauf frisch, fröhlich und frei geheirathet
hatte, hatte ihre längst ausgesprochene Drohung, sich scheiden
zu lassen, in einem Anfall übler Laune mittelst eines Winkel=
advokaten ausgeführt, und da hielt er es dann für rathsam,
eine gründliche Luftveränderung vorzunehmen und einmal
in Europa sein Glück zu versuchen. Von dem inzwischen
ersparten Gelde schenkte er vorher noch seinem Vater, der
sich in Folge seiner Gutmüthigkeit beständig in drückender Lage
befand, den größten Theil, und der Himmel weiß, wie es ihm
mit seinen wenigen Mitteln in England ergangen wäre, wenn
ihn das Glück nicht so außerordentlich begünstigt hätte.

In New-York ließ er sich, damit er einem civilisirten
Menschen ähnlich sehe, seine urwaldsmäßigen Simsonlocken
und seinen langen Bart stutzen, vertauschte seinen breitran=
digen Sombrero mit einem weniger Aufsehen erregenden
Hute und trat dann, wie bereits bemerkt, im Herbst 1870
seine Argonautenfahrt nach Europa an. Das goldene Vließ,
das er suchte, war, wie gesagt, ein Verleger, und außerdem
wollte er, der schon an so manchen Indianerkämpfen theil=
genommen, auch einmal sehen, wie die Blaßgesichter fechten.
Auf dem Schiffe traf er, wie er erzählt, eine Anzahl junger

Deutscher, die nach Hause eilten, um sich gegen die Franzosen in Uniform stecken zu lassen; dieselben machten jedoch einen höchst ungünstigen Eindruck auf ihn und er sagte von ihnen, es seien rauhe Gesellen gewesen, die sich bei Tisch wie Schweine aufgeführt hätten.

Was er in Frankreich sehen wollte, sah er auch und noch viel mehr dazu. Die Franzosen steckten ihn als Spion ein und würden ihn nach seiner Ansicht sicherlich massakrirt haben, wenn er nur ein Wort deutsch verstanden hätte. Die Deutschen machten es ihm ebenso, so daß er also Grund genug hatte, Gott dafür zu danken, daß er außer seinem Englisch nur noch die Sprache der wilden Modocs verstand. In seinen Manuscripten witterte man chiffrirte Depeschen; er hingegen behauptete und bewies auch, daß sie in ehrlichem, wenn auch in höchst unorthographischem Englisch abgefaßt seien und daß sie aus harmlosen Gedichten beständen, worauf man ihn dann nach England abreisen ließ.

Seine Handschrift ist übrigens, beiläufig gesagt, noch heute für Viele eine Hieroglyphenschrift, und seine Briefe sehen aus, als wären Hühner, die vorher ihre Füße in das struwelpeterliche Tintenfaß des heiligen Nikolaus gesteckt, über das Papier gelaufen, und was die Orthographie anbelangt, so steht er ebenfalls noch heute mit derselben auf gespanntem Fuße und behauptet, dieselbe sei lediglich Sache der Setzer und nicht die seine, da man doch nicht von einem Menschen verlangen könne, er solle Alles verstehen.

Nach dem eben angeführten Intermezzo in London angekommen, lief er mit einem lahmen Beine tagelang nach einem billigen Dachstübchen in der Riesenstadt umher und

machte bei dieser Gelegenheit, da er Europens übertünchte
Sitten und Gebräuche nicht kannte, öfters höchst unangenehme
Erfahrungen. Endlich aber gelang es ihm doch, ein be=
scheidenes Asyl zu finden; einen Verleger aber zu gewinnen
war noch viel schwerer. Seine letzte Hoffnung hatte er auf
den jungen Murray gesetzt, dessen Vater einst Byron so nobel
behandelt hatte, und als er bereits seine Uhr in's Pfandhaus
oder zum Onkel Rothschild getragen hatte, suchte er den be=
sagten Murray auf. „Gedichte brauche er nicht," erklärte
ihm dieser gleich rundweg und zeigte ihm einige Reliquien
Bryon's, an denen jedoch damals dem armen Miller wenig
gelegen war. Er wünschte unter jeder Bedingung einen
Verleger für seine Gedichte, und daß dieselben des Druckens
werth waren, wollte er dadurch beweisen, daß er versuchte,
Murray einige vorzulesen.

„Ich brauche keine Gedichte!" erwiderte derselbe darauf
nochmals, und in der nächsten Sekunde stand Miller mit
seinem Manuscripte draußen vor der Verlagshandlung und
ballte voll Ingrimm die Faust gegen dieselbe.

Nun blieb dem getäuschten Miller nichts anderes übrig,
als einige seiner Gedichte auf eigene Kosten drucken zu lassen
und sie als Fühlhörner in die Welt zu schicken, um auszufinden,
was das literärische Publikum darüber zu sagen hätte. Dieß
that er denn auch und ließ sein Werkchen unter dem Titel
„Pacific Poems" an die Kritiker vertheilen. Da auf dem
Titelblatte weder der Name des Verfassers, noch des „Ver=
legers" angegeben war, so hatte natürlich der Scharfsinn
der journalistischen Literarhistoriker freien Spielraum, und
der Kunstrichter der „St. James Gazette" stellte allen Ernstes
auf „Grund zuverlässiger Privatmittheilungen" die Behaup=

tung auf, daß in der betreffenden Sammlung enthaltene Gedicht „The Arizonian" stamme aus Browning's Feder! Ueberhaupt fand das Werkchen eine enthusiastischere Aufnahme, als sogar der sanguinische Verfasser erwartet hatte. Miller und seine romantische Carrière bildeten bald den Gegenstand der Unterhaltung in allen literarischen Cirkeln, und als dann im April 1871 die „Songs of the Sierras", für die sich unter den obwaltenden Umständen ohne Schwierigkeiten ein gut zahlender Verleger gefunden hatte, vollständig erschienen, gab es auf einmal in ganz England keinen berühmteren Mann als Joaquin Miller. Er empfing damals so viele Briefe, daß er sie nicht alle lesen, geschweige denn beantworten konnte, und eine englische Zeitung behauptete, Miller könne, wenn er nur die Couverts der an ihn gerichteten Briefe verkaufen wolle, mit dem Erlös leicht Kost und Logis bezahlen. Er, der noch vor kurzer Zeit mit Bowiemesser und Revolver im amerikanischen Westen abenteuerte und als Held für eine klassische Dime-Novelle hätte dienen können, war nun der heißbegehrte Gast der englischen Aristokratie; er, der früher jahrelang ein verachteter, sogenannter Squaw-Mann gewesen, hätte nun leicht eine reiche englische Erbin als Frau heimführen können. Bald stand er mit den ersten Dichtern Englands auf dem vertrautesten Fuße und die Verleger bestürmten ihn mit Aufträgen aller Art.

Seine „Songs of the Sierras" enthalten seine Biographie und seine Lebensphilosophie; Miller war Dichter, noch ehe er ein poetisches Werk gelesen oder auch die erst in späteren Jahren erlernte Kunst des Lesens verstanden hatte. Die Natur war seine Lehrmeisterin gewesen. Als er einst einen Studenten des Darmouth College in einem Walde lesend antraf, hielt er dieß für die gemeinste Beleidigung, die man der Natur, dem schönsten aller Gedichte, zufügen könne. Trotzdem, daß er alle Genüsse genossen und alle Gerüche der großen Erdenküche gerochen hat, ist doch sein Herz in Folge des ihm angeborenen Sinnes für reine Naturfreuden frisch und heiter geblieben. Miller ist persönlich eine brave, gutherzige Seele; er ist harmlos wie ein Kind und birgt, wie der von ihm hochverehrte Walt Whitmann, in scheinbar rauhe Schale doch ein edler Kern.

Sein Ruhmesstern scheint jedoch in der Neuzeit erloschen zu sein. Nachdem er sich mehrere Jahre in Europa aufgehalten und dort flott gelebt hatte, ließ er sich in New-York nieder, verheirathete sich daselbst abermals und schreibt nun für alle Blätter, die ihm Honorar bezahlen. Die Zeitschriften erster Klasse, deren Herausgeber früher seine Beiträge mit Gold aufwogen, erwähnen seiner nur noch höchst selten; seine Arbeiten begehren sie nicht mehr. Aehnlich verhält sich das Publikum seinen neuesten Werken gegenüber. Er hat, heißt es allgemein, sein bestes Pulver verschossen.

Miller's neuestes Werk führt den Titel: „Memorie and Rime" (New-York, 1884) und besteht aus tagebuchartigen Skizzen und einer Anzahl mittelmäßiger Gedichte. Für Diejenigen jedoch, die sich für die Lebensgeschichte dieses immerhin außergewöhnlichen Menschen interessiren, dürfte dies Büchlein doch lesenswerth sein, denn es zeigt ihn, wie er trotz stürmischer Umgebung seine angeborene Gutmüthigkeit stets zu bewahren wußte. Nicht ohne Rührung wird man die das fernere Schicksal seiner geschiedenen Frau betreffenden Angaben lesen. Ueber sein Eheleben schreibt er unter Anderem Folgendes:

„Vor zwanzig Jahren saßen mein Weib und ich in unserer Wohnung in San Francisco. „Joaquin — begann meine Gattin, nachdem sie mir längere Zeit zärtlich in die Augen gesehen hatte, — wir sind glücklich, aber ich weiß, daß sich das ändern, daß sich unsere Liebe wenigstens vorübergehend in Haß verwandeln wird. Komme, was da wolle, wir wollen uns geloben, daß der Ueberlebende von uns Alles aufbieten soll, das Andenken des zuerst Verstorbenen unbefleckt und in Ehren zu halten." Es ist genau ein Jahr her, daß meine Frau in New=York gestorben ist. Um mein Wort zu halten, brauche ich dieselbe nur zu schildern, wie sie war.

„Im Jahr 1861 war ich als Expreßbote der Firma Moßmann & Miller zwischen Walla Walla und Millersberg in Idaho thätig. In dieser Zeit erregten die in verschiedenen Zeitungen unter dem Namen „Minnie Myrtle" erscheinenden Gedichte und Artikel zuerst meine Aufmerksamkeit; ich schrieb an die Verfasserin, etablirte selbst ein Landblättchen, ein Briefwechsel bildete sich zwischen uns aus, die Sprache der Briefe wurde wärmer und zärtlicher, ich bestieg meinen Pony und kam nach zehntägiger Reise nach Port Oxford in Oregon, einem damals aufblühenden Städtchen der dortigen Minendistrikte.

„Ich sah Minnie Myrtle, schlank, brünett, von einer unbeschreiblichen Liebenswürdigkeit. Ihre Eltern, vortreffliche Leute, ihre Geschwister, das ganze Städtchen, die Bergleute und Holzfäller der Umgebung — Alles verehrte sie wie ein höheres Wesen. Wie es kam, daß dieses herrliche Geschöpf so schnell mich lieben lernte, ist mir ein Räthsel.

An einem Donnerstage war ich angekommen und am nächsten Sonntag war Minnie mein Weib.

„Im zweiten Jahre unserer Ehe zogen wir von Idaho nach San Francisco, fanden aber dort das gehoffte Glück nicht; ich machte unsere gesammte Habe zu Geld, kaufte eine Heerde Rinder, engagirte mehrere Viehtreiber und wir brachen nach Canon City im östlichen Oregon auf. Dort herrschte in Folge der Entdeckung reicher Erzlager ein wildes, aufgeregtes Leben. Die Reise war die romantischeste und gefahrvollste meines Lebens. Durch dichte Wälder und beinahe unzugängliche Schluchten mußten wir die Thiere dahintreiben, jeden Augenblick eines Angriffs der durch Eindringen der Weißen empörten Indianer gewärtig. Minnie hatte aus Weidenruthen einen Korb von zweckmäßiger Form geflochten, solchen an dem Sattelknopfe befestigt und in ihm lag auf kleinem Bettchen unser reizendes Kind. Die Mutter hatte dasselbe immer im Auge, mochte sie ein ausbrechendes Thier im Galopp verfolgen und durch die Peitsche oder den Lasso zur Heerde zurückzwingen, oder vorsichtig die Schritte ihres starken Ponys leiten, wenn dieser über gestürzte Baumstämme, Gestein und Gerölle dahinkletterte.

„Am sechsten Tage der Reise hatte ich die unzweideutigen Spuren davon wahrgenommen, daß sich eine größere Indianerbande in unserer Nähe befinden müsse. Wir hatten daher schon gegen Mittag die Thiere in einem durch die Wände der Schlucht gebildeten, natürlichen Corral untergebracht, und ich spähte, halb durch einen Baum gedeckt, vorsichtig nach Indianern aus. Minnie stand mit dem Kinde in meiner Nähe und machte, als die Indianer aus weiter Entfernung das Feuer auf uns eröffneten, die witzigsten und drolligsten Bemerkungen über die schlechten Schützen. Die Furcht hat sie nie gekannt, nicht einmal in der Stunde ihres Todes, den sie langsam, aber unaufhaltsam an sich herantreten sah. Ich bat sie, an das Kind zu denken; Minnie lief hinweg, verbarg unsern Engel an einer sicheren Stelle und stand im nächsten Augenblicke, ihre Büchse in der Hand, wieder neben mir. Eine ausgezeichnete Reiterin, besaß sie eine Sicherheit und Fertigkeit im Gebrauche der Feuerwaffen, wie ich sie größer in meinem Leben noch nie gesehen und beobachtet habe. Sie hat an dem Kampfe, der sich bald in größerer Nähe entspann und mit dem Rückzuge der Indianer endete, redlich theil genommen.

„Auf der von uns ausgewählten Niederlassung angekommen, begann für mich ein Leben mannigfaltigster Thätigkeit, dessen erste Jahre die Liebe meines Weibes zu einem Paradiese gestaltete. Ich legte eine große Obstpflanzung an, begann meine „Lieder aus den Sierras" zu schreiben und wurde schließlich zum Countyrichter erwählt. Zu schriftstellern hatte ich begonnen, ehe ich orthographisch schreiben konnte, als Richter war ich thätig, bevor ich von den Elementen der Rechtswissenschaft auch nur eine Ahnung hatte. Alle die Fertigkeiten und Erfahrungen, die ich mir in meinem bisherigen Leben angeeignet hatte, waren nutzlos für mich; mit fieberhafter Energie warf ich mich auf die Erwerbung der Kenntnisse, deren ich für meinen neuen Beruf bedurfte. Ganze Tage und Nächte brachte ich ununterbrochen in meinem Büreau zu, ich wurde kränklich und mürrisch, mein Weib fühlte sich unglücklich, hielt aber mit bewundernswerther Geduld bei mir aus, bis das Heimweh nach dem Vaterhause und nach dem Meere sie übermannte und sie mit unsern beiden Kindern zu einem Besuche in der Heimat aufbrach. Ich versprach ihr, zu folgen, oder sie wieder heimzuholen. Damals hatte mich der Ehrgeiz gepackt, ich wollte Mitglied des Obergerichts werden. Ich liebte meine Frau aufrichtig und innig, aber ich wollte erst mein Ziel erreichen, ehe ich zu ihr eilte. Gegen diese Vernachlässigung bäumte sich der Stolz meines Weibes auf; während meiner Anwesenheit in Portland theilte mir ein Advokat mit, er sei von meiner Gattin beauftragt, auf Scheidung zu klagen. Ich war wieder der Mensch, der stets seiner augenblicklichen Erregung gefolgt ist, instruirte den Advokaten, einen elenden, nur um seine Gebühren besorgten Tropf, eine Klage gegen mich einzureichen, nach welcher alle Schuld an dem ehelichen Zerwürfnisse, das nie bestanden hat, auf mich fiel. Wir wurden geschieden, ohne daß eines von uns je diese Absicht gehegt hatte. Ich durchreiste die Welt, habe ein wechselvolles Leben geführt, aber stets für meine geschiedene Frau reichlich gesorgt.

„Nach langen Jahren befand ich mich in New-York; mittellos, wie kaum jemals vorher in meinem Leben; selbst meine Feder arbeitete nicht mit der gewohnten Leichtigkeit. Da suchte mich mein Weib auf. „Ich mußte dich noch einmal sehen, ehe ich sterbe," sagte sie, und ihr bleiches, abgezehrtes, aber immer noch liebliches Gesicht zeigte, daß sie den Todeskeim in sich trug. In der Wohnung, die ich ihr miethete, siechte sie langsam dahin, und den Nachbarn, Allen, die sie kennen lernten, erschien sie wiederum wie ein höheres, verklärtes Wesen. Ich führte ihr unsere jüngste Tochter zu, deren Erziehung ich einem Kloster übertragen hatte. Vor einem Jahre ist sie gestorben, versöhnt mit mir, verehrt von

Allen, die sie kannten. Der „Immergrün=Friedhof" birgt die irdische Hülle der edelsten und begabtesten Frau, die je gelebt hat."

Ich habe dem Titel meines Artikels das Epitheton „Pferdedieb" hinzugefügt und bemerke hier, daß Miller durchaus kein Geheimniß daraus macht, im fernen Westen einst als solcher aufgetreten zu sein. Im Gegentheil, es macht ihm sogar großes Vergnügen, von seinen nächtlichen Raub=zügen zu sprechen, und als ich zum letzten Male mit ihm zusammentraf, verehrte er mir sogar eine alte Zeitung, in welcher ein vollständiger Bericht nebst den beschworenen Zeugenaussagen betreffs eines von ihm ausgeführten Pferdedieb=stahls stand. Miller war übrigens bei dieser Gelegenheit erwischt und eingesteckt worden und hätte sicherlich einige Jahre im Zuchthause sitzen müssen, wenn sein westliches Gefängniß nicht zu primitiv eingerichtet gewesen wäre und ihm nicht eine schlaue indianische Freundin zur Flucht verholfen hätte. Immerhin macht es ihm mehr Ehre, daß er sich aus einem Abenteurer zu einem Dichter emporschwang, als wenn er die umgekehrte Carrière eingeschlagen hätte.

Da nun einmal Amerika das Land der Extreme ist, so sei schließlich noch bemerkt, daß Miller ein eifriger Bibelleser ist und daß er bei jeder Gelegenheit mündlich oder schriftlich einen frommen Bibelvers an den Mann zu bringen sucht.

# Was amerikanische Dichter über die Schweiz berichten.

Jeder Amerikaner, der Europa bereist, widmet auch der Schweiz einen flüchtigen Besuch, denn das Land des Freiheitshelden Tell, der Alpen und Lawinen, das er bisher nur aus Erzählungen, Beschreibungen und Gedichten kannte, und für das ihn außerdem auch noch politische Gründe sympathisch stimmen, ist doch schon der Mühe und Geldopfer werth, angeschaut zu werden. Eine Klage aber bringen späterhin Alle aus der Schweiz zurück, nämlich: die Klage über unverhältnißmäßige Theuerung des Aufenthaltes daselbst, die allerdings in den meisten Fällen, da man ja hauptsächlich den reisenden Amerikanern einen unerschöpflichen Geldbeutel zutraut, nicht unbegründet ist.

Die Tellsage ist hauptsächlich durch Schiller's dahier vielgelesenes Drama allen nur einigermaßen gebildeten Amerikanern lieb und theuer geworden.

Longfellow läßt den Helden seines „Hyperion" auch durch die Schweiz wandern, und daselbst allerlei durch den

Reiz der Landschaft und der Liebe hervorgerufene Bemerkungen machen, denen jedoch kein besonderer poetischer Werth zugesprochen werden kann. Auch in seiner „Goldenen Legende" läßt er Held und Heldin, nämlich Fürst Heinrich und die junge Elise auf ihrem Wege nach Italien die Schweiz passiren. Bei ihrem Betreten der sogenannten Mühlenbrücke in Luzern unterhalten sie sich über den dortigen Todtentanz, und zwar in ziemlich hausbackener Weise.

Der Teufelsbrücke gedenkt Longfellow in einem Gesange seiner „Wirthshausgeschichten," in denen er auch die damit verknüpfte Legende ausführlich mittheilt. „Excelsior," eines der populärsten lyrischen Gedichte Longfellow's, spielt in den Alpen. Ein Jüngling, beseelt von unwiderstehlichem Vorwärtsstreben, trägt muthig sein Banner zum Himmel hinan; ein Greis und eine Jungfrau warnen ihn vor den ihm drohenden Gefahren, doch er verlacht alle, steigt weiter in die Höhe und wird zuletzt von den Mönchen des Sankt Bernhard todt im Schnee gefunden.

Thomas B. Aldrich, der frühere Redakteur des „Atlantic Monthly" hat ein liebliches Alpenbild in Sonettenform gezeichnet. Eine Schneelandschaft liegt in ihrer bezaubernden Schönheit und feierlichen Stille vor ihm; er hält den Athem ängstlich an, um keine Lawine zu erwecken. John Neal, der vor einigen Jahren verstorbene gewandte Vielschreiber, besingt Goldau in anmuthigem Tone, und J. G. Holland, der bekannte Novellist, hat in einem lieblichen Liede den Rigi besungen, den er mit den „lovely Floribel" einen kurzen Besuch abgestattet hatte.

Der talentvolle amerikanische Maler und Dichter Thomas B. Read, der sich längere Zeit in der Schweiz aufhielt, hat

besonders den St. Bernhard gefeiert, und auch ein populär
gewordenes „Lied des Alpenführers" verfaßt. In diesen
Gedichten zeigt er sich als gemüthreicher Verehrer der schwei=
zerischen Naturschönheiten; das Erklettern der Alpen ist sein
Vergnügen, denn dort in der wolkenfreien Höhe athmet man
so recht den Geist der Freiheit ein. Die Bächlein, die von
ernsten Bergen beschützten Jungfrauen, tragen ihre Freiheits=
töne murmelnd in die Thäler, und wenn der Schnee die
Wohnungen der Menschen überschüttet, so kreist darüber sicher
und frei der Adler.

Read's Schilderung eines Sturmes auf dem Sankt
Bernhard ist wahrhaft großartig und kann ruhig einen Ver=
gleich mit den besten, die Alpen behandelnden Gedichten aus=
halten. In seinen „Phantasien am Herdfeuer im Kloster
auf dem Sankt Gotthardt" berichten ihm die knisternden
Holzstämme von der Zeit, als sie noch draußen im Freien
stunden, und sich die Vögel auf ihren Zweigen wiegten.
Kurzum, von allen amerikanischen Dichtern kann nur Tho=
mas B. Read als der ächte poetische Vertreter der Schweiz
gelten, so daß wir es aufrichtig bedauern, noch keine Ueber=
setzungen der betreffenden Gedichte, die sicherlich bei den Be=
wohnern der Alpenwelt großen Anklang fänden, zu besitzen.

# Ein Deutsch-Amerikaner als Held eines englischen Epos.

Der kürzlich in Chicago verstorbene Bibliothekar W. F. Poole, hat ein kleines aber sehr interessantes Werk, "Anti Slavery Opinions before the jear 1800" herausgegeben, an dem wir nur eins, nämlich allzugroße Unvollständigkeit auszusetzen haben. Besonders berührte es uns sehr unangenehm, daß darin auch des ersten Agitators gegen die Sclaverei mit keiner Silbe gedacht war; wir meinen nämlich den Gründer Germantown's in Pennsylvanien, Daniel Pastorius, der mit seinen deutschen Gefährten im April 1688 den ersten Protest erließ.

Dieser Pastorius war mit einer Gesellschaft fleißiger Landsleute, hauptsächlich infolge des Einflusses Penn's, im Jahre 1683 nach Amerika gewandert und hatte sich in Philadelphia in verhältnißmäßig kurzer Zeit eine angenehme Heimat geschaffen. Die unter großen Schwierigkeiten mit sehr geringen Mitteln begonnene Niederlassung blühte und gedieh in jeder Beziehung, und die Industrie-Produkte der thätigen Ansiedler fanden einen lohnenden Markt. Das Rathssiegel Germantown's, das dreiblättrige Kleeblatt mit dem vinum, linum et textrinum, deutet zur Genüge die Beschäftigung der jungen Kolonie an. Mit ihren Nachbarn lebten sie in Frieden und die zum Stamme der Lenni Lenape gehörenden Indianer arbeiteten sogar im Taglohn für ihre deutschen Freunde.

Ihr Leben war ruhig und nur friedlichen Beschäftigungen gewidmet und die einzige That, durch die sie ihr Interesse an ihrem Adoptiv-Vaterlande bekundeten, war der eben erwähnte Protest gegen die Sclaverei.\*) Von großer Wirkung war derselbe allerdings nicht, aber er liefert uns doch die zuverlässigste Charakteristik der bezüglichen Verfasser. Dieser Umstand mag denn auch wohl den amerikanischen Dichter Whittier, bekannt durch seine Freiheitsliebe und Lieder gegen Sclaverei, bewogen haben, den Leiter jener Ansiedelung zum Vorwurfe eines Epos zu machen, das unter dem Titel „The Pennsylvania Pilgrim (and other poems)" in Boston erschienen ist. In der Vorrede erklärt er, daß ihn die historischen Skizzen über Pastorius von Dr. Seidensticker im „Deutschen Pionier" und im „Penn Monthly" dazu bewogen hätten, den Gegenstand mehr zu seiner inneren Selbstbefriedigung als für das größere Lesepublikum poetisch zu gestalten. Was das Letztere anbelangt, so wird dasselbe sicherlich kein allzugroßes sein; denn wer bekümmert sich im Allgemeinen um die ruhige Idylle eines einfachen,

---

\*) Das englische Original ist in vol. XVIII, Nr. 16 von „The Friend" nachzulesen.

biedern, toleranten und gewerbthätigen Volkes, dessen Geschichte ohne Kriegshelden, Hexenprozesse und religiöse Verfolgungen ist und die bequem mit ein paar Worten abgethan werden kann? Nur ein Whittier konnte sich entschließen, jenem Stoffe seine Aufmerksamkeit zuzuwenden. Derselben religiösen Ansicht wie sein Held, und auch wie er menschenfreundlich und kriegsfeindlich, fand er hier einen Charakter, wie er ihn lange zur Veranschaulichung seiner eigenen Lebensansichten vergeblich gesucht hatte.

Der „Pennsylvania Pilgrim" ist das Alterego Whittier's; schlicht, treu und offenherzig tritt er uns selber im Pastorius entgegen. So einfach wie der Stoff ist auch die Sprache; da ist kein hochtrabender Wortschwall, da sind keine kühnen und bestechenden Reime, das sind keine an den Haaren herbeigezerrte, frappante romantische Ausdrücke, nein, die Sprache ist ungekünstelt und anspruchslos, und macht uns weder warm noch kalt.

Das Gedicht eröffnet mit einem Gespräche, das Pastorius mit seiner Gattin Anna im Garten führt. Er ist von einem Meeting, in dem die Sklaverei besprochen worden war, zurückgekehrt und ergeht sich nun in allerlei nüchternen moralischen Betrachtungen. Auch seine Frau zeigt sich als eifrige Befürworterin der Negerfreiheit.

Dann liefert uns Whittier eine kurze Beschreibung von Germantown und dem religiösen Grundzug seiner Bewohner und erwähnt dabei in kurzen Ausdrücken der mystischen Träumereien eines Jeden der bunten Gesellschaft, der im freien Pennsylvanien ungestört seinen eigenthümlichen Neigungen folgen konnte.

Auch wird uns Pastorius als beredter Prediger und vielsprachiger Dichter vorgeführt und dann sehen wir ihn in seiner Schreibstube sitzen, rüstig arbeitend an seinem großen Bienenstock, Rusca Apium, der eine Encyclopädie seines ganzen reichen Wissens war.

Whittier's Gedicht wird, wie bereits bemerkt, kein großes Lesepublikum finden, denn die Schilderung einer Kolonialperiode, in der kein Mord vorkam und in der die Indianern die Kriegsfarbe abgewaschen und den Tomahawk vergraben hatten, ist nach der Ansicht der Masse ohne poetisches Element; sie ist zu hausbacken, zu idyllisch.

Das Gedicht ist geschrieben für Leute, die mit Gott und der Welt in Frieden leben. Für uns Deutsche aber hat es noch das besondere Interesse, daß es das erste amerikanische Epos ist, in dem ein Landsmann die Hauptperson spielt.

## Etwas über den amerikanischen Spiritualismus.

Zwei Dinge muß man den amerikanischen Spiritualisten lassen; erstlich sind sie höchst nüchterne und respektable Leute, von einer nicht zu unterschätzenden Bildung, und zweitens zeigen sie, da sie von der Unfehlbarkeit ihrer Weltanschauung vollkommen durchdrungen sind, eine Opferwilligkeit zur Verbreitung derselben, die sicherlich, um eine alte Phrase zu gebrauchen, einer bessern Sache würdig wäre. Es gibt nämlich nach ihrem Geständniß für den Augenblick keine bessere Sache und kein wirksameres Mittel, um die falschen, von den Pfaffen kultivirten Ideen über Gott und Unsterblichkeit zu vernichten, als den Spiritualismus mit seinen unbesiegbaren und von unzähligen Beweisen unterstützten Lehren.

Es existirt keine namhafte Stadt Amerika's, in der sich nicht mindestens eine Gemeinde strenggläubiger Spiritualisten befände, und die es sich nicht zur Aufgabe gemacht hätte, durch Engagirung redegewandter Reisemedien, sowie durch kostenfreie Vertheilung von Flugschriften und Zeitungen für ihr Evangelium Propaganda zu machen.

In den nach Dutzenden zählenden spiritualistischen Wochenschriften, von denen mir zufällig Exemplare von „The better Way" (11. Jahrgang), „The Progressive Thinker" (5. Jahrgang) und „The Banner of Light" (72. Jahrgang, vorliegen, wird größtentheils der Nachweis zu führen gesucht, daß die bedeutendsten Denker und Dichter aller Nationen fest an die Existenz einer Geisterwelt geglaubt und daß sie mit derselben in Verbindung gestanden hätten, wonach sich der Schluß, daß nur ein denkfauler Mensch den Spiritualismus mit dem unwissenschaftlichen Aberglauben in eine Kategorie stellen könne, von selber ergibt. Denn die amerikanischen Geisterseher sind Fortschrittsmänner ersten Ranges, und da sie mit den Seelen aller abgeschiedenen Leuchten der Wissenschaft in Verbindung stehen, so haben sie ja auch die herrliche Gelegenheit, die Finsterniß der Welt zu verscheuchen und alle Räthsel, mit deren Lösung sich die Menschheit seit Jahrtausenden abgequält hat, mit leichter Mühe zu lösen.

Und dazu ist es durchaus nicht einmal nöthig, daß die betreffenden Medien, also solche Personen männlichen oder weiblichen Geschlechtes, die besonders für den Umgang mit Geistern veranlagt sind, selber irgend eine Schulbildung genossen haben; denn sie sind einfach nur das Instrument, dessen sich irgend ein verstorbener Gelehrter zur Bekanntmachung seiner Gedanken bedient; und wenn nun, wie das vielfach, um nicht zu sagen meistentheils vorkommt, diese aus der hohen Geisterwelt stammenden Aussprüche albern oder wenigstens doch nichtssagend klingen, dann fehlt es dafür auch nicht an der gewöhnlichen Entschuldigung, die darin besteht, daß sich der im Geisterreiche weilende Gelehrte durch Versehen eines ungeeigneten Instrumentes oder Mediums bedient habe, was natürlich auch gerade nicht auf zuverlässige Menschenkenntniß desselben schließen läßt.

Als Dr. Louis Büchner vor langen Jahren nach Amerika kam, um Vorlesungen zu halten, wurde ihm die ihm vorher unbekannt gebliebene Thatsache mitgetheilt, daß der in „Kraft und Stoff" mehrmals als Autorität für den Materialismus citirte Hudson Tuttle ein als Farmer arbeitender Spiritualist sei, der bei seinen Nachbarn durchaus nicht in dem Geruche der Gelehrsamkeit stand und der nach eigener Angabe seine philosophischen Bücher im bewußtlosen Zustande der Verzückung (trance) geschrieben habe und damit an dem Inhalte derselben gänzlich unschuldig sei. Dr. Büchner soll jenen noch lebenden materialistischen Spiritualisten damals besucht haben; doch ist es mir nicht bekannt geworden, ob er über seine Begegnung mit demselben irgend etwas veröffentlicht hat, so daß also die Authentität der Tuttle'schen Werke noch eine offene Frage bildet.

Die Spiritualisten sind übrigens, so merkwürdig es auch klingen mag, Materialisten, denn sie betrachten die unsterbliche Seele des Menschen als ein stoffliches Wesen, das unter Umständen von besonders tüchtigen Medien wieder materialisirt und dadurch von gewöhnlichen Sterblichen wahrgenommen werden kann. Für das, was die Materialisten oder Monisten Kraft nennen, haben ihre scheinbaren Gegenfüßler den Namen

„Gott" beibehalten, um durch den gelegentlichen Gebrauch desselben bei der großen gedankenlosen Masse nicht in den Geruch des Atheismus zu gerathen.

Trotzdem aber sind die meisten Spiritualisten geschworene Feinde der materialistischen Philosophie, deren Grundgedanke ihnen, wie aus zahlreichen Reden und Abhandlungen der als Autoritäten geltenden Reiserednet hervorgeht, gänzlich fremd ist.

In einer von Frau Ada Foye gehaltenen und im „Banner of Light" vom 27. Aug. 1892 abgedruckten Rede wird zwar die Vernunft zur Anwendung empfohlen, ihr aber zugleich Inspiration und Offenbarung zur Ergänzung beigesellt, was bekanntlich die orthodoxesten Geistlichen ebenfalls thun. Nach ihrer Ansicht sind die kirchlichen Dogmen todt und der durch diesen Umstand erzeugte religiöse Skepticismus kann nur durch Verbreitung der Lehren des Spiritualismus beseitigt und dadurch alle Menschen unter einen Hut gebracht werden.

Von dieser Mission sind die amerikanischen Spiritualisten vollständig durchdrungen und sie haben daher im Laufe weniger Jahre durch die novellistische, wissenschaftliche und poetische Behandlung ihrer Weltanschauung eine Literatur geschaffen, deren Bändezahl wenigstens Respekt vor ihren Bestrebungen einflößen muß.

In ihren Zeitungen führen sie Correspondenzen mit den Seelen hervorragender Männer; sie legen denselben oft verfängliche Fragen vor und sind mit den lächerlichsten Antworten vollkommen zufrieden. In religiöser Hinsicht ist einmal der sonst so nüchterne, klar sehende und berechnende Yankee sein eigener Antipode; wie überall, so bewegt er sich auch auf religiösem Gebiete in Extremen und läßt sich die ungeheuerlichsten Bären aufbinden, wofür er auch stets noch bereit ist, tief in die Geldtasche zu greifen, denn daß z. B. ein Medium ihm seinen Hokuspokus aus purer Menschenliebe vormachen soll, das wird er nie und nimmer verlangen. Nicht jeder Mensch eignet sich zum Medium; wer aber dazu das nöthige Geschick besitzt, der hat auch das gesetzliche und moralische Recht, mit diesem Pfunde zu wuchern und es in klingende Münze umzusetzen.

Und man muß es den Medien beiderlei Geschlechts nachsagen, daß sie ihr Geschäft verstehen. In ihren Anzeigen, die in einzelnen spiritualistischen Zeitungen oft mehrere Spalten füllen, geben sie die Zeit genau an, in der sie konsultirt werden können und vergessen dabei auch niemals, den Preis für ihre Rathschläge hinzuzufügen. Jedes Medium hat seine Spezialität; einige geben über Geschäftsverhältnisse vertrauliche Auskunft, andere sagen die Zukunft voraus und noch andere kuriren durch magnetische oder sympathische Mittel irgend eine Krankheit, so daß also nunmehr der Menschheit die prächtigste Gelegenheit geboten ist, gegen ein unbedeutendes Geldopfer werthvolle Geschäftsgeheimnisse zu erfahren und dauernde Gesundheit zu erlangen.

Wenige dieser professionellen Medien huldigen übrigens dem Pantheismus; die meisten scheinen es vielmehr in ihrem Vortheil zu finden, an einen persönlichen Gott zu glauben und sich dessen Führung, da er ihnen ja das „innere Licht" gnädig gewährt, bedingungslos anzuvertrauen.

Die Anzeigen in der oben angeführten Nummer vom „Banner of Light", der einzigen, die mir von dieser Zeitschrift vorliegt, sind überhaupt viel lehrreicher, als der gesammte übrige Inhalt dieses Blattes, trotzdem derselbe einen wissenschaftlichen, nur auf das halbgebildete Publikum berechneten Anstrich trägt. Da zeigt z. B. ein Medium an, daß es durch Holz, Metall, Marmor und Wasser sehen und somit das Verborgene in der ganzen Natur enthüllen könne; Frau Eliza A. Martin in Fitchburg, Mass., erbietet sich, gegen das Honorar von einem Dollar alle an sie gerichteten versiegelten Briefe richtig zu beantworten, ohne sie vorher zu öffnen; Dr. A. B. Dobson in San José, Cal., stellt die Diagnose irgend einer Krankheit fest, wenn man ihm drei Zweicent=Marken und ein Büschel Haare des Patienten schickt, und dabei sein Alter, Geschlecht und die hauptsächlichsten Symptome seines Leidens angiebt.

In der Zeitschrift „The progressive Thinker" vom 8. Oktober 1892 wird sogar eine vollständige und probate Anleitung gegeben, wie man sich zum Hellseher ausbilden kann. „Wenn du," heißt es dort, „einen Brief von einer Person erhältst, die du nicht kennst, so nimmst du denselben in die Hand oder pressest ihn gegen die Stirne; dann mußt du die Umgebung zu vergessen suchen, damit du deine Gedanken ungestört auf den Briefschreiber concentriren kannst. Darauf wird sich das Gefühl der Angst, der Trauer oder auch der Freude Deiner bemächtigen und vor dem Auge deines Geistes wird allmälig eine Gestalt erscheinen, deren Aussehen du dir genau anmerken mußt, um später dadurch den Briefschreiber ausfindig zu machen. Anfangs wirst du dich vielleicht irren, wie man überhaupt anfangs bei jeder neuen Beschäftigung häufig Fehler macht; aber durch Fleiß und Beharrlichkeit wirst du dein Ziel schon erreichen."

Nach dem „Progressive Thinker" sind folgende Thatsachen über alle Zweifel erhaben:

1) die Seele überlebt die Trennung von dem Körper;

2) die Freuden des Himmels und die Qualen der Hölle werden durch unsere guten und bösen Thaten bestimmt;

3) da man auch im Geisterreiche Fortschritte in der Erkenntniß und Gnade macht, so kann man sich hier schon durch Buße und Reue über seine schlechten Thaten einen Vorsprung über Andere sichern.

Im Jenseits giebt es nämlich, was bekanntlich schon Swedenborg behauptet hat, Schulen zur Fortbildung der dortigen Geister, und dieselben zeichnen sich nach der Zeitung „The better Way" dadurch von den irdischen, resp. den amerikanischen aus, daß darin anschaulich unterrichtet und die Individualität des Schülers gebührend berücksichtigt wird. Den Mittheilungen aus dem amphitheatralisch gebauten Geisterschulhause verdankt auch A. J. Davis, der berühmteste aller spiritualistischen Philosophen, seine tiefe Weisheit.

Da nun die Medien vorgeben, mit den Geistern reden und dieselben materialisiren zu können, so ist es leicht erklärlich, daß man auch photographische Bilder derselben aufnehmen kann, ja, ein Medium zeigt sogar an, daß es, wenn man ihm nur die Locke eines Verstorbenen schickt, ein getreues Bild liefern wolle.

Aber die Geister scheinen in der Neuzeit damit nicht zufrieden zu sein, zum Gegenstande bildlicher Aufnahmen zu dienen, sondern sie haben sich sogar durch Vermittlung der Medien selber auf dem Gebiete der Kunst versucht, leider aber bis jetzt noch nichts geliefert, was nicht leicht zu ent=

behren wäre. Vor wenig Jahren machte sich eine Frau
Disdebar in New-York dadurch berühmt und zugleich
berüchtigt, daß sie einen reichen Schwärmer dazu beredet
hatte, ihr ein bedeutendes Vermögen zur Verfügung zu stellen,
um sie in den Stand zu setzen, den malenden Geistern als
Medium zu dienen. Welchen künstlerischen Werth die von
ihr gelieferten Bilder besaßen, ist schwer zu beurtheilen, da
sie keinem namhaften Maler zur Begutachtung vorgelegt
wurden; doch schreibt einer ihrer Verehrer, nämlich Luther
M. Marsh, in der kleinen von A. Wilford Hall redigirten
Monatsschrift „The Microcosm" (Oktober 1892), daß er
selber gesehen habe, wie jene Gemälde auf weißer Leinwand
entstanden seien, ohne daß Jemand bemerkt habe, wie sich
ein Pinsel oder eine Hand darauf bewegte. Habe man das
Bild gleich nach der Fertigstellung mit den Fingern berührt,
so sei die feuchte Farbe an denselben kleben geblieben. —
Den erwähnten reichen New-Yorker hat diese Malerei viel
Geld gekostet; aber selbst ein gegen jene Schwindlerin von
seinen nächsten Verwandten angestrengter Prozeß hat ihn
von seinem Wahne nicht zu kuriren vermocht.

Daß die Geister auch die Poesie pflegen und gelegentlich
der sterblichen Menschheit durch ihre Medien einige Proben
derselben liefern, dürfte weniger schwer sein und deshalb
braucht es uns durchaus nicht Wunder zu nehmen, wenn die
Zahl der unter dem Einflusse der Geister dichtenden Damen
und Herren eine recht ansehnliche ist. Weshalb aber von
diesen nur eine Dichterin bis jetzt etwas Ersprießliches ge=
leistet hat und sich auch in außerspiritualistischen Kreisen
einer wohlverdienten Popularität erfreut, mag man sich von
Eingeweihten erklären lassen. Der Name dieser vor einiger

Zeit verstorbenen Dichterin ist Lizzie Doten, deren erste Sammlung, „Poems of the inner Life", wahrhafte Perlen der Poesie enthält und daher auch zahlreiche Auflagen erlebt hat.

In der Vorrede zu ihrer zweiten Sammlung, „Poems of Progress", sagt sie: „Der Spiritualismus hat mehr als irgend eine andere Religion gethan, um die Menschen von dem Joche des Aberglaubens und der religiösen Dogmen zu befreien; leider aber hat er noch nicht das Ansehen erlangt, um den vereinigten Einfluß des Altars, des Reichthums und der Organisation, in welchem die Kraft des Kirchenthums beruht, zu brechen."

„Die Religion," sagt sie ferner, „welche lehrt, sich der Seele anzunehmen und den Körper für sich selbst sorgen zu lassen, hat sich erfahrungsmäßig als Fehlschlag erwiesen. Der Spiritualismus hat nicht nur die Menschen, sondern auch die Engel veredelt, denn die einzige Beschäftigung der letzteren bestand bisher darin, daß sie die Staffage des göttlichen Thrones bilden mußten."

Die Welt der Geister ist nach Lizzie Doten im Grunde nur eine materielle Welt, deren Organisation und Existenz aber nur unter bestimmten Bedingungen erkannt und erforscht werden kann.

Unsere Dichterin ist nicht nur eine feingebildete, sondern auch eine höchst human gesinnte Frau, die besonders den Verlorenen ihres Geschlechtes eine aufrichtige Liebe entgegen bringt. Dabei tritt sie mit seltener Entschiedenheit gegen die Heuchelei der Kirche und gegen die Verlogenheit des socialen Lebens auf, wie hauptsächlich das schwungvolle

Gedicht: „A respectable Lie" beweist. Als Optimistin vom reinsten Wasser glaubt sie an den endlichen Sieg des Guten, da selbst der verworfenste Mensch noch einen edlen Kern in sich berge; man brauche sich nur die Mühe zu geben, denselben aufzuspüren und zu entwickeln.

In ihrem tiefsinnigen Gedichte „The Rainbow Bridge", dem die altnordische Sage von der Bifröstbrücke zu Grunde liegt, nennt sie den Spiritualismus die ächte Jakobsleiter, die Himmel und Erde verbindet.

Doten giebt vor, daß ihr diese Lieder von Geistern, deren einzelne sie auch namhaft macht, diktirt und von ihr auf einer Maschine nachgeschrieben worden seien; sei dem nun, wie es wolle, jeder antispiritualistische Literaturfreund wird nach der Lektüre dieser Produkte von Herzen wünschen, daß es noch mehr solcher Medien gäbe.

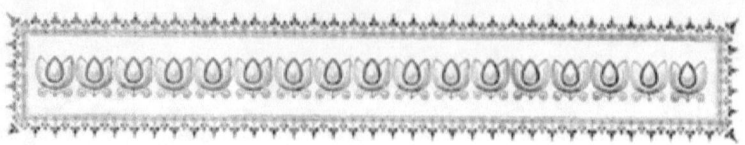

## Geistige Turnerei.

Daß zu einem gesunden Körper auch ein gesunder Geist gehört, ist eine Wahrheit, die aber durch allzuhäufiges Wiederholen zu einer nichtssagenden Redensart herabgesunken ist, so daß ihr, wie es scheint, Niemand mehr besonderen Werth beilegt, noch viel weniger dieselbe im Leben und in der Erziehung zur praktischen Anwendung bringt.

Selten nimmt man eine deutsch=amerikanische Turn=Zeitung in die Hand, ohne diesem Ausspruch zu begegnen, und zu gleicher Zeit lesen wir aber auch in derselben Nummer endlose Klagen über die gänzliche Vernachlässigung des geistigen Turnens in den meisten, wenn nicht in allen Vereinen.

Die Pioniere des Turnens in Amerika waren meistentheils geistig hochstehende und fortschrittlich gesinnte Deutsche, die ihr altes Vaterland infolge ihrer Freiheitsliebe auf Wunsch der Regierung verlassen und die dahier, vom Geiste der Aufklärung bestrebt, nichts Eiligeres zu thun hatten, als einer freien Weltanschauung und einer harmonischen Ausbildung aller im Körper und im Geiste schlummernden Kräfte das Wort zu reden. Auf allen Gebieten menschlicher Thätigkeit zeigten sie sich als Fortschrittsmänner, und da, wo es ihnen gelang, einen Turnverein zu gründen, sorgten sie auch dafür, daß sich die Thätigkeit desselben nicht nur auf Uebungen am Barren und Reck beschränkte, sondern daß dem Turner auch durch Vorlesungen, Abendunterricht und Sonntagsschulen Gelegenheit geboten war, sich auf den Gebieten der Literatur, Kulturgeschichte, Naturwissenschaft und der schönen Künste geistbildende Kenntnisse zu erwerben.

In dieser Hinsicht haben besonders die im Jahre 1848 aus Deutschland gemaßregelten und nach Amerika geflüchteten Deutschen Ersprießliches geleistet und es wäre wahrscheinlich im Interesse des hiesigen Deutschthums, wenn wieder einmal eine unglückliche Revolution eine ungezählte Menge geistig regsamer Landsleute an unser gastliches Gestade triebe.

Den Nutzen des körperlichen Turnens haben bereits viele öffentliche Schulen der Ver. Staaten eingesehen und es daher, allerdings nicht ohne längeres Zögern, eingeführt, besonders in solchen Städten, wo die deutschen Bewohner infolge ihrer numerischen Stärke eine gewisse politische Macht bildeten, die man nicht ungestraft ignoriren konnte. Und die amerikanischen Geistlichen, die doch nach altem Herkommen den Leib als Sitz der Sünde brandmarken und die Kreuzigung des Fleisches predigen, haben sich der Thatsache nicht verschließen können, daß das körperliche Turnen einen unwiderstehlichen Reiz auf ihre jungen Schutzbefohlenen ausübte, und um sich dieselben nun als zukünftige Kirchenmitglieder zu sichern und sie nicht der Gefahr auszusetzen, durch den Verkehr in einer deutschen Turnhalle zu Atheisten und Biertrinkern zu werden, haben sie wohl oder übel mitgeholfen, daß ihre Jungmännervereine mit allem Komfort ausgestattete Turnhallen erhielten, in denen sich dann die junge Welt männlichen Geschlechtes in den Mußestunden die Glieder stärken kann.

Da, wo dies geschehen, hat also die von Deutschen ausgehende Agitation für körperliche Erziehung ihren Zweck erfüllt, so daß die betreffenden Turner oder vielmehr Turnvereine auf die Realisirung ihrer zweiten Aufgabe, des geistigen Turnens nämlich, ernstlich bedacht sein sollten, was nun leider nicht der Fall ist. Allerdings berufen sie allgemeine Volksversammlungen, wenn die persönliche Freiheit bedroht ist, d. h. wenn die städtische Verwaltung auf Schließung der Wirthschaften an Sonntagen besteht, oder wenn irgend eine Bewegung im Gange ist, um den Verkauf berauschender Getränke zu beschränken oder wohl gar zu verbieten; dann werfen sich die Herren Turner auf einmal gewaltig in's Zeug und prophezeien im Brustton der Ueberzeugung den baldigen Untergang der Republik. Da wird alle persönliche Neidhammelei beiseite gesetzt und eine seltene Einigkeit herrscht auf einmal, denn man hat das Allerheiligste der Germanen frevelhaft entweiht. Fäßchen auf Fäßchen wird angesteckt und auf den Untergang der Temperenzwütheriche geleert. Man sage beileibe nicht, der Deutsche sei so phlegmatisch geworden, daß er sich nicht mehr für die Sache der Freiheit begeistern könne! Da zeigt er ja, daß er geistig turnen, d. h. Reden halten und anhören kann.

Die Turner sollen ihren Traditionen gemäß Bahnbrecher für Aufklärung und Fortschritt sein und dieser Aufgabe

haben sie sich in Amerika, in dem das verdummende Pfaffen=
thum immer noch zu viel Einfluß ausübt, bis jetzt leider
nur in einzelnen Fällen unterzogen; ja, es hat sich besonders
in den letzten Jahren in die Turnvereine eine Anzahl Dunkel=
männer eingeschlichen, die jede freie Meinungsäußerung zu
unterdrücken suchen und die z. B. dafür gesorgt haben, daß
in den Versammlungen für geistige Uebungen keine Debatte
über Politik oder Religion, also über zwei der wichtigsten
Fragen, geführt werden darf.

Aus vielen Mitgliedern der Turnvereine sind furcht=
same Leisetreter geworden, die sich aus Rücksicht auf ihre
Lebensstellung durch Erörterungen genannter Themen keine
Feinde machen möchten. Zu ihrer Entschuldigung mag nun
auch die Thatsache dienen, daß der Deutsche im Vergleiche
mit dem Amerikaner in der Kunst des Debattirens noch
weit zurück ist. Letzterer respektirt die Ansichten eines jeden
Gegners und erwidert darauf ruhig und taktvoll und ohne jede
Anzüglichkeit oder Beleidigung. Das Prinzip der Demokratie
ist bei ihm in Fleisch und Blut übergegangen, so daß er also
keinen seiner Mitbürger, der eine andere Meinung vertritt,
in anmaßender Weise für einen Dummkopf hält und ihn
das fühlen läßt. In seinen Debatten über schwebende Fra=
gen bedient er sich ausschließlich der ihm zu Gebote stehenden
Argumente und läßt die Person seines Opponenten gänzlich
aus dem Spiele.

Bei dem Deutschen ist es in dieser Hinsicht wesentlich
anders, denn es klebt ihm immer noch das Erbtheil einer
monarchischen Erziehung an, welches in Brutalität gegen
Untergebene und in Speichelleckerei vor Vorgesetzten besteht.

Fühlt er sich einem Anderen geistig überlegen, so läßt er es denselben schmerzlich fühlen; er verliert sehr leicht die Ruhe, schlägt auf den Tisch und brüllt anstatt zu reden. Dadurch beleidigt er, ohne zu überzeugen. Dies gilt besonders von denjenigen in zahlreichen Turn-Vereinen existirenden maulfertigen Schreiern, die bei jeder Gelegenheit um das Wort bitten und dadurch mit der Zeit die besseren Elemente vertreiben. Aus diesem Grunde haben es denn auch die meisten Turnvereine aufgegeben, sich in der für ein freies Land so nützlichen Kunst des Debattirens auszubilden.

In früheren Jahren gab es eine kleine Anzahl Reiseredner, welche im Herbst, Winter und Frühling von Stadt zu Stadt zogen und in den Turnvereinen geistbildende Vorträge über Kulturgeschichte und ähnliche Wissenszweige hielten. Mehrere derselben sind nun nicht mehr am Leben und die Wenigen, die es noch sind, haben sich von diesem Berufe zurückgezogen, weil sie entweder Niemand mehr hören wollte, oder weil sie ihre Rechnung nicht dabei fanden. Letzteres dürfte jedoch der Hauptgrund gewesen sein, denn wenn die Turnvereine willens oder fähig gewesen wären, anregende Vorträge halten zu lassen, so hätten sich sicherlich auch die nöthigen Leute dazu gefunden.

Um nun das geistige Turnen nicht ganz und gar zu vernachlässigen, so versuchen zuweilen einige Vereine Herren zu gewinnen, die sich eine Ehre daraus machen, ihnen einen Vortrag zu halten, unentgeldlich natürlich. Da jedoch diese Herren meistentheils patientenlose Aerzte oder klientenbedürftige Advokaten sind, so kennt man auch die wahre Absicht ihrer Bereitwilligkeit und glaubt ihnen dadurch eine Gefälligkeit zu erweisen, daß man ihrer Vorlesung beiwohnt und seine Geduld auf die Probe stellen läßt.

Es ist, bei Licht betrachtet, eine von vielen deutschen Vereinen Amerika's praktizirte Unverfrorenheit, von einem Manne mit Gymnasial- oder Universitätsbildung zu verlangen, daß er Wochen auf die Ausarbeitung eines Vortrages verwendet und denselben dann ohne die geringste pekuniäre Vergütung hält. Setzt ein Glaser eine Fensterscheibe in die Turnhalle oder spielen einige Musikprofessoren die Geige bei einem Turnerballe, so werden sie schon rechtzeitig ihre Bezahlung in Empfang nehmen; ein gebildeter Mann aber, dessen Studium viel Zeit und Geld in Anspruch genommen hat, soll sich für seine Dienstleistungen mit einem offiziellen Danke begnügen lassen, da die Kasse für solche Fälle nicht vorgesehen ist. Man bezahlt den Turnlehrer für seine Leistungen, warum nicht auch den Mann der Wissenschaft, da doch nach der Ansicht der Turnbrüder auch das geistige Turnen zur harmonischen Ausbildung gehört?

Doch für das geistige Turnen scheint kein Bedürfniß mehr vorhanden zu sein. Die alten Turner sterben allmälig aus und ihre Nachkommen sind bereits so amerikanisirt, daß viele derselben ebenso fleißig in die Kirche als in die Turnhalle gehen.

Die früher angeschafften Bibliotheken verkommen in Staub und Moder und die physikalischen Instrumente und naturwissenschaftlichen Sammlungen werden selten, wenn überhaupt noch, benutzt.

Das Turnlehrerseminar in Milwaukee beschäftigt sich vorzugsweise damit, junge Leute im praktischen Turnen auszubilden, damit dieselben als Lehrer der Vereine auftreten können, und es muß dieser Anstalt zum Lobe nachgesagt werden, daß sie bis jetzt mit ihren Zöglingen große Ehre eingelegt hat. Was aber das geistige Turnen anbelangt, so ist dasselbe arg vernachlässigt worden; ja diejenigen, mit denen wir bekannt geworden sind, standen sogar mit den einfachsten Regeln der deutschen Grammatik auf gespanntem Fuße. In ihrem Denken und Fühlen waren sie Amerikaner, was allerdings insofern von Vortheil für sie und ihre Kunst war, daß sie dadurch mehr Fühlung mit den Yankees hatten und die Vorurtheile derselben gegen die Turnerei neutralisiren konnten. In diesem Punkt also sind sie als Pioniere zu betrachten; aber für Fortschritt, Aufklärung und Wissenschaft im Geiste der Neuzeit zu wirken, dazu fehlt ihnen das Zeug. Wenn man also geistiges Turnen verlangt, so suche man auch die nöthigen Kräfte dafür zu erziehen.

# Nativismus, Schulwesen und Verwandtes in Amerika.

Jeder, der nur einen einigermaßen offenen Blick für die Zeitströmungen in der amerikanischen Republik hat, muß, so sehr er auch für die Institutionen derselben schwärmt, und darin die sicherste Gewährleistung der persönlichen Freiheit erblickt, doch zu der schmerzlichen Ueberzeugung kommen, daß die eingeborenen Bürger gegenwärtig von einem Hasse gegen die aus Europa Eingewanderten beseelt sind, der mit ihrem sonst bei jeder Gelegenheit proklamirten Glaubensbekenntniß, nach welchem Amerika allen Mühseligen und Beladenen der alten Welt eine sichere Freistätte gewähre, in grellem Widerspruche steht.

Allerdings ist der Nativismus oder Knownothingismus in Amerika keine neue Erscheinung, denn er machte sich vor 40 oder 45 Jahren bemerklich, aber währenddem er damals ausschließlich gegen die Katholiken gerichtet war, tritt er jetzt gegen alle fremdgeborenen Bürger ohne Unterschied auf und sucht den Einfluß derselben mit allen erdenklichen Mitteln zu untergraben. Man erlaubt ihnen allerdings, da man es einmal trotz mehrfacher Versuche nicht ändern kann, von ihrem Stimmrecht Gebrauch zu machen; ja jede politische Partei gibt sich vor den öffentlichen Wahlen stets die erdenklichste Mühe, die Fremden für ihr spezielles Ticket zu gewinnen; sobald es jedoch an die Vertheilung der Aemter geht, kennt man sie einfach nicht mehr.

Kein im Ausland geborener Bürger aber ist den Yankees so bitter in innerster Seele verhaßt, wie der aus Deutschland stammende. Die Italiener heißen sie willkommen, weil ihnen dieselben auf keinem Gebiete fühlbare Konkurrenz machen und weil die große Masse derselben als billige, unterthänige Eisenbahnarbeiter und Dreckschaufler den Reichthum der Monopolisten vermehren. Der Deutsche jedoch legt in Amerika schnell seine ihm im alten Vaterlande anerzogene Knechtschaffenheit ab und versteigt sich dann bald zu der unerhörten Frechheit, im Yankee durchaus kein höheres Wesen zu erblicken, sondern es ihm auf jedem Gebiete menschlichen Wissens mindestens gleich zu thun, wenn ihn nicht zu überflügeln.

Ja, als Packesel ist der Emigrant ein gern gesehener Gast; wenn er sich aber anmaßt, die Rolle desselben nur in eigenem Interesse zu spielen und es mit der Zeit dahin bringt, die Söhne der Yankees zu seinen Packeseln zu gebrauchen, dann ist es die höchste Zeit, daß man energische Maßregeln gegen ihn ergreift und ihm begreiflich macht, daß er im Lande der Freien im besten Falle doch nur ein Geduldeter ist.

Der Amerikaner will für sich frohe Feste; die sauren Wochen sind für das fremdgeborene Element bestimmt. Da nun letzteres einmal da ist und die Beseitigung desselben durch Dolch oder Gift immerhin mit Schwierigkeiten und Gefahren verknüpft ist, so müssen andere Mittel versucht werden, daß es den Yankees nicht über den Kopf wächst. Und dies hat nun immerhin seine großen Schwierigkeiten und zwar nicht nur in Hinsicht auf die vorzuschlagende Kampfmethode, sondern auch in Bezug auf das Gebiet, auf dem jener Streit auszufechten ist. Im geschäftlichen Verkehr können die Yankees, wie einmal die Sachen liegen, sich nicht, ohne sich selber merklichen Schaden zuzufügen, von den fremdgeborenen Kaufleuten und Industriellen absondern, und was den geselligen Umgang betrifft, so giebt es im großen Ganzen nur sehr wenige Adoptivbürger, die Neigung in sich verspüren, sich in die Kreise langweiliger Stockamerikaner zu drängen, es sei denn, daß sie speichelleckerische Streberei dazu treibt, wodurch sich besonders die eingewanderten Halbasiaten auszeichnen.

Im politischen Leben zählt die Stimme eines Adoptivbürgers gerade so viel, wie die des Präsidenten, und der Candidat für ein öffentliches Amt, der seinem Fremdenhaß Zügel anzulegen versteht, muß bei der Wahl sicherlich seinem liberalen Mitbewerber das Feld räumen. Was ist also zu thun, damit Amerika von Amerikanern regiert werde?

Da muß dann vor allen Dingen dafür gesorgt werden, daß es sich der Adoptivbürger, so sehr er auch irgend einer Partei als sogenanntes Stimmvieh willkommen ist, beileibe nicht einfallen läßt, einmal den Spieß umzukehren und selber als Candidat für ein politisches Amt aufzutreten, und ist auch dies nicht zu verhindern, da ein Bürger mit fremden Namen öfters zum Zwecke des Stimmenfangs auf jeder Candidatenliste paradiren muß, so muß doch am Wahltage mit vereinten Knownothingkräften dafür gesorgt werden, daß er eine empfindliche Niederlage erlebt und ihm ein für allemal die Lust vergeht, den Eingeborenen den Rang streitig zu machen.

Aber auch dies geht nicht auf die Dauer, denn der politisirende Adoptivbürger, der sich einmal schmählich in seinen Erwartungen getäuscht sieht, läßt sich zum zweiten Male nicht dazu gebrauchen, Anderen zum Aushängeschild zu dienen, und die in der Sprache seiner Heimath erscheinenden Zeitungen sorgen dafür, daß nativistisch oder unliberal gesinnte Kandidaten bei späterer Gelegenheit schon ihren verdienten Lohn erhalten.

Man muß also dem fremdgeborenen Elemente auf einem anderen Gebiete beizukommen suchen, um es in die gebührenden Schranken zurück zu weisen und so dafür sorgen, daß es seine angestammten Sitten, Gebräuche und Sprache nicht auf Andere überträgt.

Mit dem strengen, hauptsächlich gegen die Deutschamerikaner gerichteten Sonntags- und Temperenzgesetze haben die Nativisten bis jetzt nur in wenigen Staaten vorübergehend Erfolg gehabt, ohne jedoch dadurch, wie statistisch nachgewiesen ist, die öffentliche Moral zu befördern; ja, die meisten Amerikaner haben dem deutschen Bier einen solchen Geschmack abgewonnen, daß sie sich schon vielfach zu Vertheidigern des ungehinderten Verkaufs desselben ausgesprochen haben. Das Sauerkraut, der Limburger Käse und die

Bretzeln der Deutschen sind bis jetzt von der Polizei und der hohen Geistlichkeit in Ruhe gelassen worden, da Beide im Gebrauche dieser Nahrungsmittel bis jetzt nichts Unmoralisches endeckt haben, und die dagegen in's Feld geführten Urtheile der Geruchs=Aesthetiker und satyrischen Zeitungsschreiber haben noch keinem Urgermanen den Apettit verdorben.

Nun wären die beschränkten Yankeeseelen vielleicht mit den eingewanderten Bürgern ganz zufrieden, wenn ihnen das Auftreten derselben die Gewißheit gewährte, daß mit ihrem Tode auch die aus Europa gebrachten Sitten und Gebräuche, sowie ihre vaterländische Sprache ausstürben; aber da liegt gerade der Hase im Pfeffer, denn besonders die numerisch starken Deutschen scheinen dahier keine höhere Bestimmung zu kennen, als ihre Ansichten und Sprache auf ihre hier geborenen Kinder fortzuerben und dadurch das soziale Leben in Amerika umzugestalten. Sie gehen von der Ansicht aus, daß hier eine neue Nation in der Bildung begriffen sei und daß der Deutsche dadurch eine wichtige Mission zu erfüllen habe, daß er durch Vermittlung des Schönen und Edlen seiner früheren Heimath zur Kultur des neuen Vaterlandes sein Scherflein pflichtschuldigst beitragen müsse. Und daß er in dieser Hinsicht nicht mit leeren Händen kommt, weiß der Amerikaner ganz genau; die ihm angeborene Selbstüberhebung erlaubt es ihm aber nur in seltenen Fällen, für die ihm bereitwillig offerirte Gabe zu danken.

Viele Staaten der Union, besonders die westlich gelegenen, haben sich seit einem Menschenalter die erdenklichste Mühe gegeben und zugleich die größten Opfer nicht gescheut, die Einwanderung nach ihren Gestaden zu lenken; allein die von ihnen beschäftigten Agenten hatten jedoch nur die Aufgabe, ausschließlich solche Ansiedler, die mit dem Ackerbau vertraut waren, zu gewinnen, so daß der Urwald gelichtet und der Boden kultivirt werden konnte. Und den einwanderungslustigen Landleuten kam es beinahe wie ein Märchen vor, daß sie dahier für eine unbedeutende Summe einen Landstrich erwerben konnten, der fast so groß wie alle zu einem deutschen Dorfe gehörenden Aecker und Wiesen war, so daß sie sich also als Eigenthümer desselben mindestens so wichtig und reich vorkommen mußten, wie ein deutscher Landbaron oder ein Duodezfürst.

Wo sich auch immerhin derartige Ansiedler niederließen, da blühte in kurzer Zeit, um eine ächt amerikanische Phrase zu gebrauchen, die Wildniß wie eine Rose; mit sehniger Hand verwandelten sie in kurzer Zeit den jungfräulichen Boden des Urwaldes in ergiebiges Ackerland um, und da sie von Jugend auf einen gründlichen Kursus in der Schule der Entbehrung und Anspruchslosigkeit durchgemacht hatten, so war nichts natürlicher, als daß sie sich bald eines soliden Wohlstandes erfreuten.

Auch die Herren Yankees hatten aufrichtiges Gefallen an diesen wackeren, unermüdlichen Pionieren; konnten sie doch nun in der Nachbarschaft derselben Kramläden, Advokatenbureaux und dergleichen errichten und so die Vermittlung zwischen den Ansiedlern und der übrigen Welt übernehmen und dabei ein bequemes Officeleben führen. Aber warum konnten die Gründer einer Kolonie nicht selber derartige Geschäfte besorgen? Einfach, weil sie darin nicht bewandert waren und weil man denjenigen ihrer Landsleute, die es hätten thun können, zum Auswandern und zur Besiedlung einer fremden Gegend nicht behilflich gewesen war.

Kommt in New=York ein Europäer an, der in der Landwirthschaft erfahren ist, oder der ein nützliches Handwerk gelernt hat, so wird ihm gleich bei der Landung auf die zuvorkommenste Weise Arbeit und Beschäftigung angewiesen; trifft jedoch ein sogenannter Kaufmann oder ein dem Gelehrtenstande angehörender junger Mann mit bescheidenen Mitteln, wie es meistentheils der Fall ist, in New=York ein und er erkundigt sich in dem am Landungsplatze befindlichen Arbeitsnachweisungsbureau nach Beschäftigung, so wird ihm gewöhnlich mit Achselzucken geantwortet, daß man nichts für ihn thun könne.

Im Allgemeinen aber wird dem deutschen Unterricht an den Volksschulen blutwenig Zeit eingeräumt, doch der deutsch=amerikanische Bürger ist in dieser Hinsicht außerordentlich genügsam und gibt sich schon zufrieden, wenn sein Kind in sechs oder sieben Jahren nebenher so viel deutsch gelernt hat, um einen Brief oder eine Zeitung lesen zu können. Und mehr lernt es auch in den meisten Fällen nicht; ja, oft dieses nicht einmal, denn der Unterricht, abgesehen von der für denselben bestimmten höchst ungenügenden Zeit, wird meistentheils, wenn nicht ausschließlich, von jungen Damen ertheilt, die hier in Amerika erzogen worden sind und folglich sich selber nur eine mangelhafte Kenntniß des Deutschen angeeignet haben.

Diese Damen nun, und dies bezieht sich auch auf die Lehrerinnen der englischen Abtheilung der öffentlichen Schulen, bringen ihrem Berufe selten ein lebhaftes Interesse entgegen und haben daher auch nicht das Geschick, noch viel weniger geben sie sich die Mühe, ihren Schülern eine gewisse Vorliebe für die deutsche Sprache, ohne welche einfach ein Erfolg unmöglich ist, einzuimpfen, was hier um so nothwendiger ist, als die meisten Kinder deutscher Eltern sich nur zu gerne vom deutschen Unterrichte dispensiren lassen.

Jene Lehrerinnen betrachten ihren Beruf nur als eine Uebergangsstufe zu einer anderen Stellung und sehnen sich beständig nach der Zeit, in der sie ihren Geburtsnamen mit einem anderen vertauschen können. Sie unterrichten ausschließlich wegen des Gehaltes; das Lehrerinnen-Examen ist nur eine leere Formalität und das Erlangen einer Stellung verdanken sie einestheils dem politischen Einfluß ihrer Bekannten oder auch ihrer und ihrer Familien Armuth. Eine gründliche, pädagogische Vorbildung für ihren Beruf, oder auch nur eine aufrichtige Vorliebe für denselben ist also nur höchst selten vorhanden. Dadurch erklärt sich denn auch der vielfach gefühlte Uebelstand, daß fast alles Unterrichten an amerikanischen Volksschulen in geistlosem, mechanischem Eintrichtern besteht und daß das Gedächtniß auf Kosten der Verstandesentwicklung unverhältnißmäßig überbürdet wird.

Wenn man das papageimäßige Herplappern wörtlich auswendig gelernter Definitionen von den Schülern hört, so drängt sich einem die Ueberzeugung auf, daß die meisten amerikanischen Lehrerinnen noch keine Ahnung davon haben, daß es eine Wissenschaft gibt, die man Pädagogik nennt.

Auf dem Gebiete der Mechanik ist der Amerikaner allen Völkern des Erdballes überlegen, und es ist daher ein Wunder, daß er, da er sich der betreffenden Naturanlagen vollständig bewußt ist, noch nicht versucht hat, die Prinzipien der Mechanik auf die Pädagogik zu übertragen, um dadurch Leistungen zu erzielen, welche alle diejenigen in Schatten stellen, die auf den herkömmlichen, bewährten Methoden beruhen.

Vor zwei Jahrhunderten veröffentlichte ein Nürnberger Bürger Namens Harsdörffer, der zum „gekrönten Blumenorden" gehörte, einen „Trichter", d. h. ein Büchlein, durch das sich in sechs Stunden irgend ein prosaischer Mensch zum Dichter machen konnte; ein ähnliches Ding möchten nun die Amerikaner gern für ihre Schulen haben, um aus irgend einem dummen Jungen im Handumdrehen einen Humboldt oder Spencer zu machen.

Bei der erstaunlichen Erfindungsgabe der Amerikaner hat es uns schon oft gewundert, daß noch keine neue Maschine konstruirt und natürlich auch patentirt worden ist, die, nachdem man sie in die Schulstuben gestellt und vorschriftsmäßig geheizt oder aufgezogen hat, dem Gedächtniß der Kinder auf mechanischem Wege die nöthigen Unterrichtsfächer beibringt. Da die Aufsicht über diese Maschine irgend einem billig arbeitenden Pedell übertragen werden könnte, so würde jede Stadt große Summen an Lehrergehältern sparen, denn man brauchte alsdann nur außer den Schuldienern einen Staatssuperintendenten, der das Unterrichtsprogramm für das laufende Jahr ausarbeitete und dies dann von den Lehrmaschinen ausführen ließ. Mechanischer als Unterricht an den Schulen gegeben wird, würde er alsdann sicherlich auch nicht ausfallen.

Wir würden jedoch das amerikanische Unterrichtswesen im höchsten Grade einseitig und ungerecht beurtheilen, wenn wir die erfreuliche Thatsache unerwähnt ließen, daß es dahier bereits eine merkliche Anzahl Pädagogen gibt, die sich der Schattenseiten der öffentlichen Schulen bewußt sind und die ernstlich ihr Möglichstes versuchen, den obwaltenden Uebelständen durch eine strenge sachliche Kritik derselben und durch Empfehlung erprobter Methoden des Auslandes, besonders Deutschlands abzuhelfen. Allein der Dünkel und die Selbstüberschätzung der meisten Amerikaner sind noch viel zu mächtig, um es ihnen ohne inneres Widerstreben zu erlauben, eine andere Nation als ihre Lehrmeisterin anzuerkennen.

Dazu kommt fernerhin noch der Umstand, daß gute, geistbildende und das Denken befördernde Methoden nur in der Hand gründlich gebildeter Volksschullehrer die erwartete Wirkung erzielen und daß sie in der Hand solcher Lehrer, die ihren Beruf bloß als periodischen Nothbehelf ansehen, nur Unheil anrichten, oder auch, wie wir oft genug gesehen haben, in der praktischen Anwendung dermaßen „mechanisirt" werden, daß sie sich von den früher gebrauchten kaum noch wesentlich unterscheiden.

Auch muß hier bemerkt werden, daß der Charakter der englischen Sprache dem mechanischen Unterrichte Vorschub leistet. Die Grammatik derselben ist deutsch und das Vokabularium zum großen Theile romanisch, so daß also das Kind bei jedem Worte auch eine lange Definition desselben auswendig zu lernen hat, womit nun leider in den meisten Schulen zu weit gegangen wird. Dann aber kommt noch die höchst unphonetische Orthographie hinzu, die ebenfalls für das Kind, das in die Etymologie der Wörter nicht ein=

geweiht ist, lediglich eine Sache des Gedächtnisses ist und die Anwendung einer rationellen Lesemethode, die vom Worte ausgeht und analytisch verfährt, beinahe zur Unmöglichkeit macht. Denkende amerikanische Schulmänner haben zwar oft genug versucht, das betreffende Verfahren auf den ersten Leseunterricht anzuwenden, allein sie haben, soweit unsere Beobachtung geht, bis jetzt keinen Grund gehabt, auf ihre Resultate stolz zu sein.

Die meisten amerikanischen Schulbücher sind Eselsbrücken für Lehrer, welche den Werth des mündlichen Unterrichtes noch nicht zu schätzen wissen und sich daher auch, sobald der Schüler sein Buch beiseite legt, höchst unbeholfen benehmen. Selten versteht Einer seine Frage so vorzubereiten, daß sie der Schüler richtig zu beantworten vermag; noch seltener aber hat ein amerikanischer Lehrer die Gabe und das Geschick, halbrichtige Antworten, die immerhin von einem gewissen Nachdenken des Schülers zeugen, durch neue Fragen zu verwerthen und so die Kinder auf die gewünschte Spur zu führen. Dies erfordert allerdings Liebe zum Berufe und Interesse an demselben und diese beiden Erfordernisse sind bei der amerikanischen Lehrerwelt bis jetzt noch spärlich anzutreffen.

Dadurch aber wird der Unterricht den Kindern meistens zur Qual, anstatt zu einer geistigen Erquickung, so daß sie das Schulzimmer mit einer Physiognomie verlassen, als kämen sie aus einer Sitzung des Kriminalgerichtes, wo sie zu lebenslänglicher Zuchthausstrafe verurtheilt wurden. Außerdem wird die Disciplin mit einer Strenge gehandhabt, die man als ein an der frohen, beweglichen Kindesnatur begangenes

Verbrechen bezeichnen möchte. Da dieselbe ausschließlich auf Zwang beruht und mit unerbittlicher Konsequenz durchgeführt wird, so ist die leichtbegreifliche Folge davon, daß die Kinder, so bald sie die Schule hinter sich haben und sich unbeachtet wissen, sich in einem solch rohen Gebahren Luft machen, daß man sie, wenn man sie vorher in ihrer starren Passivität im Klassenzimmer gesehen hat, kaum wieder erkennt.

Und doch ist, im Grunde genommen, die Durchführung der nöthigen Disciplin in der Hand eines ächten Pädagogen eine Kleinigkeit; denn derselbe ist von der hohen Bedeutung seines Berufes durchdrungen und die Schulmeisterei bildet nicht für ihn ein Uebergangsstadium zu einer anderen, lukrativeren Beschäftigung. Er interessirt sich also für seine Lehrgegenstände und versteht es daher auch, seinen Schülern Interesse einzuflößen; er zeigt denselben durch Wort und That, daß es ihm mit der Bildung der Jugend heiliger Ernst ist, wonach sich dann die Beobachtung aller Disciplinarregeln ohne merkliche Schwierigkeiten naturgemäß von selber ergibt.

Wo ein heiterer, anregender Ton im Schulzimmer herrscht, da herrscht auch Ordnung. Wo hingegen der Unterricht trocken und mechanisch ist, da rebellirt die kindliche Natur, und um nun die drohende Lockerung der Disciplin zu verhüten, müssen energische Mittel angewandt werden, die erstens mit großem Zeitverlust verknüpft sind und zweitens den eigentlichen Zweck der Schule nicht im Mindesten fördern.

Der eben berührte Uebelstand wird dadurch noch vergrößert, daß man bis jetzt nur an den wenigsten amerikanischen Schulen die körperliche Erziehung in den Lettionsplan auf=

genommen hat. Vielleicht wäre die Opposition gegen das
Turnen nicht so stark, wenn es nicht hauptsächlich von den
Deutschen befürwortet würde. Denn der deutsche Turner
steht bei dem Stockamerikaner im Gerüchte, ein Freigeist zu
sein und einer heiteren Lebensphilosophie zu huldigen; er
trinkt Bier, geht nicht in die Kirche und giebt daher seinen
Kindern ein demoralisirendes Beispiel. Lernen die Schüler
nun Turnen, so lernen sie auch noch andere Gewohnheiten
der Deutschen, so folgern die Yankees und stemmen sich da=
her mit aller Macht gegen diese pädagogische Neuerung.

Und doch wäre es besonders den Mädchen viel dienlicher,
sie würden sich täglich auf eine bestimmte Zeit gymnastischer
Uebungen befleißen, als daß sie still und regungslos auf der
Schulbank säßen und sich an algebraischen Aufgaben oder
rhetorischen Spitzfindigkeiten abquälten; dann würden sie
wenigstens zu körperlich tüchtigen Frauen erzogen, wohin=
gegen man so aus hundert kaum zehn findet, die sich einer
gesunden Farbe und eines kräftigen Körpers rühmen können.

Doch nun zu unserem alten Thema, dem deutschen Un=
terricht an den öffentlichen Schulen, zurück. Die Feinde des=
selben behaupten gewöhnlich und beweisen durch Thatsachen,
daß nur wenige amerikanische Schulkinder, nachdem sie jahre=
lang Deutsch getrieben, fähig sind, sich in dieser Sprache ge=
läufig auszudrücken. Wie angedeutet, so haben sie Recht,
aber sie erwähnen dabei, oder wissen meistentheils nicht wo
hier der Fehler zu suchen ist. Eine fremde Sprache fließend
sprechen zu können, ist nun an für sich keine Kleinigkeit,
und mit Recht sagt Jakob Grimm, daß zu zwei Sprachen
zwei Menschen gehören.

Wer also Deutsch nur zu dem ausschließlichen Zwecke lernt, um es praktisch zu verwenden, der muß sich auch beständig im Gebrauche dieser Sprache üben und darf sich durchaus nicht scheuen, sich anfangs hin und wieder an den Regeln der Grammatik unabsichtlich zu versündigen, unpassende Wörter zu gebrauchen oder gelegentlich in der Konversation stecken zu bleiben. Wer einmal schwimmen lernen will, muß sich nicht fürchten, dann und wann Wasser zu schlucken. Uebung allein macht hier den Meister und dem Verfasser dieses Aufsatzes sind zahlreiche gelehrte Amerikaner von Weltruhm bekannt, von denen einige sogar deutsche Grammatiken, Wörterbücher und Literaturgeschichten geschrieben haben, die aber nicht im Stande waren, eine deutsche Konversation zu führen, und zwar aus dem einfachen Grunde, weil sie es nach eigenem Geständnisse vernachlässigt hatten, sich im praktischen Gebrauche der betreffenden Sprache zu üben.

Zu letzterem aber fehlt es unserer amerikanischen Schuljugend an dem wünschenswerthen Muthe, denn sie fürchtet sich zu sehr, bei ihren Versuchen ausgelacht zu werden.

Die deutsche Sprache sollte nach unserer unmaßgeblichen Ansicht an den amerikanischen Anstalten hauptsächlich deshalb gelehrt und studirt werden, weil sie den Schlüssel zur wichtigsten Literatur aller Völker des Erdbodens bildet. Und aus diesem Grunde sollte sie auch hauptsächlich von den Deutschamerikanern gepflegt werden; denn die Landessprache ist einmal die englische und je weniger Sprachen in einem Lande zur Anwendung kommen, desto besser ist es. Auch sollten wir uns darüber endlich klar geworden sein, daß die Erhaltung des Deutschen als Umgangssprache dahier nur von der Einwanderung abhängt, und daß es also in solchen Gegenden rasch verschwindet, welche keinen europäischen Zuwachs erhalten. Die von Seiten der Deutschen auf Erhaltung ihrer Muttersprache verwendete Mühe ist also vielfach vergeblich gewesen, denn anstatt ihren Kindern Lust und Interesse an der deutschen Literatur beizubringen, glaubten sie schon dadurch genug gethan zu haben, daß sie jene das deutsche Alphabet lehren ließen, damit sie im Nothfalle eine deutsche Zeitung, einen Kalender oder die Bibel lesen konnten.

Im Allgemeinen muß eingestanden werden, daß die Deutschamerikaner bis jetzt ungemein wenig für die Pflege der Literatur ihrer Muttersprache gethan haben und daß sie nur in höchst seltenen Fällen Interesse dafür zeigen, oder bereit sind, Opfer an Zeit und Geld dafür zu bringen.

In jeder amerikanischen Stadt, in der zahlreiche Deutsche wohnen — und solche Städte findet man viele — giebt es auch einige, die man zu den Reichen zählen muß und denen es durchaus nichts ausmacht, ob ihr Vermögen um 10 oder 20,000 Dollars mehr oder weniger anzuschlagen wäre; wenn man aber diejenigen, die sich in ganz Amerika durch Stiftung einer öffentlichen deutschen Bibliothek ein bleibendes Denkmal gesetzt haben, abzählen will, braucht man noch nicht einmal die Finger einer einzigen Hand dazu. Allerdings besitzen zahlreiche öffentliche Bibliotheken deutsche Abtheilungen; doch dieselben werden einfach aus dem allgemeinen Steuersäckel unterhalten und erfreuen sich nur höchst selten eines kleinen Geschenkes von Seiten der Deutsch=Amerikaner.

Der einreißende Nativismus der Amerikaner ließe sich auch dadurch wirksam neutralisiren, daß die öffentlichen Bib=

liotheken, die im Allgemeinen von den Anglo=Amerikanern viel fleißiger als von den Deutschen benutzt werden, mit englischen Uebersetzungen der gediegensten deutschen Werke ausgestattet würden, damit sich jeder Knownothing überzeugen kann, daß man in dem als gottlos verschrieenen Lande auf dem Gebiete der Poesie und Philosophie Leistungen aufzu= weisen hat, welche diejenigen anderer Nationen tief in den Schatten stellen. Und nun haben gerade zahlreiche gelehrte Amerikaner die Schätze der deutschen Literatur ihren Lands= leuten vermittelt und dieselben haben sich doch sicherlich keiner Ueberschätzung derselben schuldig gemacht!

# Das Studium der irländischen Sprache in der Gegenwart.

Die Kelten, welche als die erste indogermanische Völkerschaft früher West- und Mitteleuropa beherrschten und dann von den nachdrängenden Nationen zur Seite geschoben wurden, wurden von den Römern als verachtungswürdige Barbaren betrachtet, und Julius Cäsar, der sie Jahre lang bekriegte, gab sich nicht einmal Mühe, ihre Sprache der geringsten Beachtung zu würdigen und hatte also keine Ahnung von dem gemeinschaftlichen Ursprung seiner Sprache und der seiner Feinde. Da Cäsar außer seinen Kommentaren auch noch ein Werk sprachwissenschaftlichen Inhalts („De Analogia") verfaßt hat, so hätte man von ihm mit Recht ein Interesse für die Sprache der von ihm bekriegten Volksstämme erwarten sollen.

Zur Zeit Cäsar's besaßen die Kelten eine gewisse literarische Bildung; sie hatten einen gelehrten Priesterstand, die Druiden nämlich, und eine reiche poetische Literatur, von der sich jedoch, da sie nur durch mündliche Ueberlieferung fortgepflanzt und nicht aufgezeichnet wurde, nichts von Bedeutung erhalten hat. Das wichtigste Erzeugniß derselben sind die Gesänge Ossian's, deren Alter schwer zu bestimmen ist und deren Verfasserschaft, resp. Herausgabe durch McPherson immer noch in Dunkel gehüllt zu sein scheint.

Die jetzt noch gesprochenen keltischen Sprachen sind das Kymrische in Wales, das Armorische in der Bretagne, das Gälische in den Hochgebirgen Schottlands, das Manx auf der Insel Man und das Irländische in gewissen Theilen Irlands. Auch in den hauptsächlich von Schottländern bewohnten Distrikten Kanada's soll das Keltische oder vielmehr das Gälische noch als Umgangssprache gebraucht werden.

In den Vorlesungen der Professoren der Philologie hört man jedoch von Jahr zu Jahr mehr über die keltischen Sprachen, und die Irländer, die sich viele, aber wie es scheint, vergebliche Mühe gaben, das sprachliche Erbtheil ihrer Vorväter zu erhalten, gestehen gern ein, daß es Deutschlands Gelehrte waren, welche die Bedeutung der keltischen Sprache zuerst erkannten. Ebel's Schriften, vor allen Dingen aber die „Grammatica Celtica" von Zeus, werden, wie sie es auch verdienen, von ihnen als epochemachend geschätzt. Gegenwärtig schenken in Deutschland die Professoren Kuno Meyer, Windisch (Leipzig), Zimmer (Berlin) und Hugo Schuchardt (Graz) dem Studium des Keltischen ihre Aufmerksamkeit; in Frankreich wirkt dafür H. Gaidez, der Redakteur der „Revue Celtique", und d'Arbois de Juboinville, Professor am College de France; am irländischen Collegium zu Rom bildet das Irische einen regelmäßigen Lehrgegenstand und an der Universität zu Edinburg ist Dr. McKinon als Lehrer des Keltischen thätig. In Amerika interessirt sich hauptsächlich Dr. F. L. A. Röhrig, früher Professor an der Cornell Universität, für die keltische Sprache und Literatur.

Die in Irland 1876 gegründete Gesellschaft zur Erhaltung der keltischen Sprache ist hauptsächlich bestrebt, die betreffende Sprache da, wo sie noch im Umgange gebraucht wird, wie in den Counties Mayo, West=Galway, Clare, Donegal, Kerry und Waterford, in den Schulen zu einem regelmäßigen Lehrgegenstande zu erheben; ja, das Keltische soll auch zugleich die Unterrichtssprache sein. In den von der Regierung unterhaltenen öffentlichen Schulen der genannten Distrikte wird das Keltische nur wenig, und zwar stets nach den regelmäßigen Schulstunden gelehrt; es bildet mithin einen besonderen Unterricht, dessen Besuch jedem Schüler freisteht. Wie wenig Werth selber die irländischen Eltern ihrer alten Sprache beilegen, geht daraus hervor, daß sie die Erlernung desselben für eine Zeitverschwendung halten und ihre Kinder nur in seltenen Fällen ermahnen, jene Extra= unterrichtsstunden zu besuchen. Keltische Sprache, Unwissenheit und Armuth sind nachgerade für dieselben identische Begriffe geworden. Oft genug kommt es daher vor, daß die Kinder ihren Eltern zu Hause auf keltische Fragen englische Antworten geben.

Auf dem Kongreß der irländischen Gesellschaft, der 1882 zu Dublin zusammentrat, machte ein Irländer allen Ernstes die Bemerkung, daß jeder Bewohner der grünen Insel, der sich seiner Muttersprache schäme und welcher in der

Konversation dem Englischen den Vorzug gebe, mit Verachtung gestraft werden solle.

Die Lehrer, welche an den öffentlichen Schulen die irländische Sprache unterrichten wollen, müssen vorher durch eine Prüfung ihre Fähigkeit dazu beweisen; wie wenige aber es der Mühe werth finden, sich diese Qualifikation zu erwerben, geht aus folgenden statistischen Angaben hervor: Im Jahre 1879 bestanden von 304 Kandidaten nur 143 das vorgeschriebene Examen; 1881 meldeten sich nur noch 29 Lehrer, von denen nur 12 das zum Unterricht berechtigende Certificat erhielten.

Nach dem Census von 1871 gab es in Irland 100,000 Personen, welche nur Keltisch verstanden; 800,000 dagegen sprachen Keltisch und Englisch.

Sehr oft verweisen die Irländer ihre Landsleute auf das Beispiel der Bewohner von Wales, die trotz allen englischen Beeinflussungen ihre Sprache erhalten und sich heute noch einer reichen Literatur rühmen können. Aber auch die Waliser hängen nicht mehr mit der alten Zähigkeit an ihrer kymrischen Sprache und geben es offen zu, daß sie von Jahr zu Jahr mehr aus dem Gebrauch verschwände.

Die irländische Sprache hört man nur noch ausnahmsweise in der Kirche. Eine eigene Zeitung in dieser Sprache erscheint nicht; doch veröffentlichen einige Journale wie der „Irish-American" und „The Gail" welche beide in Amerika erscheinen, regelmäßig ein paar Spalten in der betreffenden Sprache. In Amerika existiren zu New-York, Brooklyn, Boston, Philadelphia und Chicago Gesellschaften, welche sich die Erhaltung und Verbreitung der irländischen Sprache,

Literatur und Musik durch Schule und Presse zur Aufgabe gemacht haben; in New-York hat man auch irländische Lesebücher veröffentlicht, bemerkenswerthe Erfolge aber hat man bis jetzt noch nirgends erzielt.

Die Irländer, welche an der Spitze dieser Vereine stehen, führen beständig Klage über die Lauheit ihrer Landsleute; daß diese Klagen nicht unbegründet sind, geben wir gerne zu, ohne es übrigens zu bedauern, denn wir erkennen in der Existenz der vielen Sprachen keinen Vortheil, sondern vielmehr ein großes Hinderniß in dem internationalen Verkehr. Eine Sprache, die nun einmal dem Untergange geweiht ist, soll man nicht durch künstliche Mittel am Leben zu erhalten suchen.

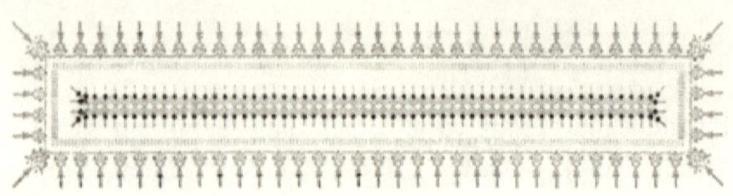

# Amerikanische Schriften über Japan.

Trotzdem die Amerikaner seit geraumer Zeit mit den Japanesen in Handelsverbindung getreten sind und sich zahlreiche Yankees in Tokio und anderen Städten Japans niedergelassen haben, so haben uns doch nur die amerikanischen Missionäre mit den Sitten und Gebräuchen dieses Volkes näher bekannt gemacht, leider aber sind ihre Schriften von solchen christlichen Vorurtheilen diktirt, daß sie uns doch nur ein Zerrbild japanesischen Dichtens und Trachtens gewähren.

Auf der großen Weltausstellung, die 1876 zu Philadelphia stattfand, hatten die Kunstwerke der Japanesen Hokusai und Kano gerechte Aufmerksamkeit erregt und man fing auch in weiteren Kreisen an, sich für die eigenartige Kultur jenes Landes zu interessiren, so daß also Eduard Grecy mit seinen reich illustrirten Werken über Japan ein großes, kauflustiges Publikum fand. Dieser Herr, der vor einigen Jahren in New-York Selbstmord begieng, war ein geborener Engländer, der als Marineoffizier zum erstenmale Japan besuchte. Damals kam er als Feind, späterhin aber, als er den englischen Militärdienst quittirt hatte, als Freund nach Japan und hielt sich dort zum Zwecke künstlerischer und literarischer Studien sechs Jahre lang auf. Er machte sich mit der Sprache, Sitten und Gebräuche dieses Wunderlandes gründlich vertraut, er verkehrte mit allen Volksschichten und entkräftete das gegen die Fremden herrschende Vorurtheil dadurch, daß er nicht versuchte, die Japanesen an die Segnungen der amerikanischen Civilisation zu gewöhnen, und ihr Vaterland bei jeder Gelegenheit lächerlich zu machen. Greey lebte in Japan als Japanese und sein angeborenes leutseliges, freundliches und zuvorkommendes Wesen sicherte ihm überall zahlreiche Freunde und Eingang in die ersten Familien. Dadurch wurde er denn befähigt, uns ein zuverlässiges Bild des wirklichen Volkslebens in Japan zu liefern.

Sein erstes 1880 zu New-York erschienenes Werk führt den Titel: „The Loyal Ronins: an historical Romance translatet from the Japanese of Tamenaga Shunshui by Shinichiro Saito and Edward Greey" und ist mit Illustrationen eines Künstlers aus Yeddo geschmückt. Sein Mitarbeiter Shinichiro ist ein Japanese, der sich fünf Jahre lang zu Studienzwecken in Amerika aufgehalten hatte und der gegenwärtig in seinem Vaterland eine hohe Staatsanstellung bekleidet, die er hauptsächlich dem Umstande verdankt, daß er half, die Amerikaner mit dem Hauptwerke Tamenaga's, des japanesischen Charles Dickens, vertraut zu machen. Tamenaga's Schriften, die zugleich auch ein Bild der früheren Kultur Japan's bieten, sind in seinem Vaterlande außerordentlich populär; Greey lieferte uns eine seiner sieben unter dem Kollektivnamen „Iroha=Bunko" (der A.B.C.=

Schreibtisch") veröffentlichten Erzählungen, aber er gibt uns keine wörtliche Uebersetzung, denn eine solche würde für uns ungenießbar und unverständlich sein, da Tamenaga geschichtliche Thatsachen voraussetzt, die jedem Japanesen geläufig, den englischen Lesern aber völlig unbekannt sind.

Die Geschichte der 47 Ronins, wie sie Tamenaga angeblich von seiner Mutter gehört hatte, spielt in der Feudalzeit des vorigen Jahrhunderts und ist eine lebensvolle Illustration zu dem japanesischen Sprichworte, daß, wenn der Herr beleidigt werde, es die Pflicht der Diener sei, zu sterben und zu dem Ausspruche des Confucius „Du sollst nicht leben unter demselben Himmel, noch dieselbe Erde betreten mit dem Feinde deines Herrn oder deiner Eltern." Jene Ronins oder unabhängigen Ritter repräsentiren also die Hundetreue der altdeutschen Epen; sie kennen blos eine Pflicht, nämlich das an ihrem Herrn begangene Unrecht zu sühnen und dann geduldig die darauf folgende gesetzliche Strafe zu ertragen. Wir werden daher mit Verschwörern, Renegaten, Schurken, Spitzbuben und Edelleuten bekannt gemacht; auch lernen wir die Folgen des Sake oder Reisweins kennen und nehmen an dem widerlichen Schauspiel des Harikiri theil. Es ist ein gar fremdartiges Gemälde, das uns hier Greey vorführt; es ist nicht nach Jedermann's Geschmack, immerhin aber lernen wir in Tamenaga einen Schriftsteller kennen, der sein Fach versteht und packend zu erzählen weiß.

1883 ließ Greey in New-York erscheinen: „The golden Lotus and other Legends of Japan." Dieses Werk besteht größtentheils aus Erzählungen der Bozu (Priester) und Hanashika (professionelle Märchenerzähler), die in dem

Rufe stehen, mit der Zunge die Taschen ihrer Zuhörer zu leeren. Greey hat sie mündlichen Recitationen nachgeschrieben und somit einen werthvollen Beitrag zur Volksliteratur geliefert. Ein Buddhapriester, der sich nicht enthalten konnte, die Schale seines Zornes über die eingedrungenen christlichen Missionäre bei jeder Gelegenheit auszugießen, erzählt, weßhalb Buddha gewöhnlich auf einem goldenen Lotos sitzend abgebildet wird. Buddha hatte sich nämlich von einem Drachen gegen das Versprechen, ihn mit Menschenfleisch zu füttern, eine Anzahl Weisheitssprüche mittheilen lassen und da er keinen Menschen tödten konnte, so stürzte er sich selber in den Rachen des Unthiers. Doch der Rachen verwandelte sich augenblicklich in acht Kelche der Lotosblume. So soll, fügte jener Priester hinzu, Jeder Buddha vertrauen, wie dieser dem Drachen vertraute; denn alsdann wird er späterhin ebenfalls auf goldenen Lotosblumen ruhen. Der Missionär sagte, der gläubige Christ würde dereinst mit einer goldenen Krone belohnt werden; der Unterschied, bemerkte der Buddhapriester, ist also nicht sehr groß.

Eine sentimental-romantische Seelenwanderungsgeschichte, sowie eine haarsträubende Mord- und Geistererzählung nehmen ebenfalls unser Interesse in Anspruch; auch lernen wir, daß die Japanesen, wie die meisten Völker der Erde, auch ihre Siebenschläferlegende haben. Luven, so lautet dieselbe nämlich, war ein armer Holzhacker, der nur mit der größten Anstrengung seine zahlreiche Familie ernähren konnte. Ein Bettelpriester belehrte ihn nun eines Tages zur Frömmigkeit und seit jener Zeit vernachlässigte er seinen Beruf und verbrachte seine Zeit mit Beten auf einem benachbarten Berge. Seine Frau und Kinder hungerten, aber der fromme Mann ließ sich dadurch in seinen täglichen Andachten durchaus nicht stören und ward, als ihm eines Tages sein Weib wegen seines Müssigganges bittere Vorwürfe machte, so wüthend, daß er ihr zurief, er betrachte sich von ihr als geschieden. Luwen stieg dann wieder auf seinen Berg und bemerkte eine Höhle, in der sich zwei wunderschöne Frauen mit Schachspielen die Zeit vertrieben. Er sah ihnen tagelang, wochenlang, ja jahrelang zu und als nun einmal eine dieser Frauen einen falschen Zug that, rief er: falsch! falsch! aus. Darauf verwandelten sie sich in Füchse und eilten davon. Luwen wollte ihnen nachlaufen, fand aber aus, daß seine Glieder steif geworden waren. Mit Mühe und Noth schleppte er sich nach seinem Dorf zurück, wo er erfuhr, daß er 300 Jahre lang fort gewesen war. Seine Frau und Kinder die den Hungertod gestorben waren, schlummerten längst auf dem Friedhof und als er ihre Grabstätten besucht hatte, ging er wieder in den Berg zurück und kehrte niemals wieder. Moral: Man lasse sich nicht durch Priester von seiner Arbeit abhalten!

„Die Legende vom todten Esel", eine beißende Satyre auf die religiöse Leichtgläubigkeit der Masse, ist in Japan sehr populär und da sie auch für andere Länder nicht ohne Bedeutung ist, so wollen wir sie hier im Auszuge mittheilen.

Ein chinesischer Priester hatte seinen Tempel zu einem vielbesuchten Wallfahrtsort gemacht und sich selber in den Ruf eines heiligen Wunderdoktors gebracht, was ihm herrliche Zinsen trug. Er führte das vergnügteste Leben von der Welt, aß und trank stets das Beste und ließ seine Anhänger darben. Als nun einst eine Hungersnoth eintrat und er

seinem geistlichen Gehülfen nicht mehr satt zu essen geben
konnte, weil er vorgeblich selber nichts hatte und Hunger
leiden mußte, machte es sich dieser junge Priester zur Auf=
gabe, auszufinden, ob denn eigentlich der geopferte Wein,
Reis und sonstige Eßwaaren auch wirklich, wie er selber den
Leuten sagen mußte, von dem Heiligenbilde seines Tempels
verzehrt wurde, oder ob sich wohl ein Sterblicher daran güt=
lich thue. Er fand den von dem armen, unwissenden Volke
geopferten Wein in einem geheimen Winkel und da er ge=
rade großen Durst hatte, so trank er ihn aus. Nach einiger
Zeit trat sein geistlicher Herr zu ihm und sprach: „Höre,
die Zeiten dahier sind so schlecht, daß die Leute keine zwei
Priester ernähren können. Setze dich also auf diesen Esel
und suche dir sonst ein Unterkommen!"

Der junge Geistliche folgt dieser Mahnung und zieht
fort. Nach einigen Tagen stirbt ihm das Lastthier und wäh=
renddem er nun über dieses Unglück klagt, kommt ein Narr
zu ihm und sagt: „Du verstehst dein Geschäft noch gar
schlecht. Begrabe deinen Esel, setze dich neben seinen Grab=
hügel und fordere die Vorübergehenden unter beständigem
Beten auf, doch ja ihr Scherflein beizusteuern, damit du
über den Knochen eines Heiligen einen Tempel errichten
könnest!"

Der junge Priester merkt sich diesen klugen Rath und
befolgt ihn auch. In kurzer Zeit stand ein Tempel auf den
Knochen des Esels und eine prächtige Priesterwohnung da=
neben und was das Merkwürdigste war, jene Knochen ver=
richteten ein Wunder und machten die Blinden sehend, die
Lahmen gehend und die Tauben hörend. Der junge Priester

lebte herrlich und in Freuden; er aß und trank nur das
Beste und ward allmälig noch fetter als sein früherer geist=
licher Meister. Um dem letzteren von seiner jetzigen Lebens=
weise eine Idee zu geben, belud er einst einige Esel mit den
köstlichsten Speisen und Getränken und reiste zu ihm. Der
alte Priester trank herzhaft mit, konnte aber der Erzählung
seines früheren Gehülfen, der seinen Erfolg stolz seiner eigenen
Erfindungsgabe zuschrieb, keinen sonderlichen Geschmack ab=
gewinnen.

„Mein Sohn," sprach er," bilde dir nicht zu viel auf
deine Klugheit ein. Was du für eine neue Idee hältst, ist
so alt wie die Berge dahier und findet sich in allen Reli=
gionen der Erde vor. Dort (und dabei deutete er auf sein
heiliges Orakel) liegt die Mutter deines Esels begraben!"

Greey's reich illustrirtes Werk „Young Americans
in Japan" (Boston 1882) ist eine lehrreiche Jugendschrift,
in welcher die Geographie, die Religion, Sitten und Gebräuche
Japan's anschaulich und anziehend dargestellt werden. Eine
Fortsetzung dazu bildet das ebenfalls prächtig illustrirte Werk
„The wonderful city of Tokio" (Boston 1883).

The Bear-Worshippers of Yezo and the Korafuto
(Saghalin)" (Boston 1884) bildet den Schluß der Aben=
teuer der Familie Jewett in Japan. Die Bärenverehrer
von Yezo, sowie die fünf Stämme der früher zu Japan, 1875
aber zu Rußland gehörenden Insel Korafuto werden auf
Grund persönlicher Beobachtungen ausführlich geschildert; der
Verfasser sympathisirt aufrichtig mit den betreffenden, theil=
weise dem Untergange geweihten Völkern; er weint und lacht
mit ihnen, niemals über sie. Auch ist er weit davon ent=

fernt, das Heil derselben in der Annahme des Christenthums zu erblicken; er ist ein ächter Kosmopolit, dem religiöse Vorurtheile unbekannt sind. Seine Ausdrucksweise gibt speziell die Eigenart jener Völker wieder; ein streng moralischer Ton herrscht in allen seinen Schriften. Da dieselben hauptsächlich für die reifere Jugend bestimmt sind, so hat er natürlich manche seiner Beobachtungen und Erlebnisse derart modifiziren müssen, daß sie das Schamgefühl nicht verletzen, denn der Moralkodex der Japanesen lehrt in mancher Hinsicht das diametrale Gegentheil von dem unsrigen.

# Ein Vorkämpfer für deutsche Philosophie und Literatur in Amerika.

Das aufreibende Treiben des amerikanischen Lebens und die beständige Jagd nach dem allmächtigen Dollar, in die jeder eingewanderte Deutsche mit der Zeit mehr oder weniger gezogen wird, auch wenn er sich von Anfang an noch so sehr dagegen sträubt, wirken so erschlaffend auf das Gemüth, daß der Sinn für alles Wahre, Gute und Schöne verschwindet und einer geistigen Leere Platz macht, die in ruhigeren Stunden ein trauriges Gefühl und ein desto lebhafteres Sehnen nach dem Vermißten hervorruft. Wohl dem, der in diesem Strudel eine Planke seines gescheiterten besseren Selbst ergreift und sich darauf nach dem Eiland innerer Befriedigung zu retten vermag.

Das Gemüthsleben, das bei keiner andern Nation stärker ausgebildet ist als bei den Deutschen, macht desto kräftiger seine Ansprüche geltend, je mehr ihm äußere Hindernisse entgegentreten; und wenn es auch zeitweise durch unedle Mittel beschwichtigt werden kann, so gibt es doch Augenblicke, in denen es rücksichtslos die trostlose Leere des Daseins aufdeckt und energisch die Beachtung seiner Rechte verlangt. In solchen trüben Augenblicken schweift der Geist hinüber nach der alten Heimat, erinnert sich seiner Freunde und himmelstürmenden Jugendpläne und weint denselben vielleicht heimlich eine Thräne nach. Dann aber verlangt er nach Trost und wohl ihm, wenn er ihn zu finden weiß. Und er ist ja auch bald gesucht; denn die Jugenderinnerung wird ihn bald zwei Ariadnefäden — Philosophie und Poesie — entdecken lassen, die ihn sicher aus dem Labyrinthe führen werden.

Die nachfolgenden wenigen Zeilen sollen daher einem Manne gewidmet sein, der mehr als irgend ein anderer in Amerika als Pionier für deutsche Philosophie und Literatur uneigennützig gewirkt hat und der daher ein Wort der Anerkennung wohl verdient — wir meinen A. E. Kröger.

Adolph E. Kröger wurde im Dezember 1837 in Schwabstadt bei Friedrichsstadt im Herzogthum Schleswig geboren. Sein Vater, ein Prediger, wanderte im Jahre 1848 mit seiner Familie nach Amerika aus und ließ sich zuerst in Davenport, Jowa, nieder. Einige Jahre darnach nahm er eine Predigerstelle in Wheeling, Pa., an, kehrte jedoch bald wieder nach Davenport zurück.

Der junge Kröger, der seit dem elften Jahre keine Schule mehr besucht hatte, wandte sich früh dem Geschäftsleben zu; er erhielt eine Stelle in einer Bank und benutzte die freie Zeit gewissenhaft zu seiner weiteren Ausbildung und zur Abfassung kleinerer deutscher und englischer Artikel für Davenporter Journale und die New=Yorker Staatszeitung.

Als im Jahre 1857 sein Vater starb und er durch den Bankerott der Cook und Sargent's Bank seine Stelle verlor, ging er nach New-York und arbeitete bis 1860 als Ueber=setzer an der dortigen „Times". Darnach siedelte er nach St. Louis über, woselbst er vor einigen Jahren starb. Während des Rebellionskrieges war er in Fremont's Stab und sonst politisch thätig. Von 1865—67 war er städti=scher Schatzmeister von St. Louis.

Kröger hatte die gewählte Bibliothek seines Vater fleißig benützt und besonders die Werke von Schleiermacher, Kant und Fichte gründlich studirt. Letzterer speziell scheint einen sehr tiefen und nachhaltigen Eindruck auf ihn gemacht zu haben, was daraus hervorgeht, daß er 3 seiner Werke, nämlich die Wissenschaftslehre, die Rechtslehre und die neue Darstel=lung der Wissenschaftslehre in meisterhaftes Englisch über=tragen hat. Die beiden ersten Werke erschienen im Verlag von J. C. Lippincott in Philadelphia und das letztere, dem eine sehr interessante Abhandlung über Kant beigegeben ist, im Selbstverlage des Uebersetzers.

Auch schrieb Kröger eine Geschichte des amerikanischen Bürgerkrieges, aus der er aber nur wenige Bruchstücke ver=öffentlichte. Außerdem arbeitete er fleißig für Dr. Hillgärt=ner's „Neue Zeit," für die New-Yorker Evening Post, The New Nation, Butz's Monats-Hefte, das North American Review, The Round Table u. s. w., und suchte darin die deutsche Literatur und Philosophie dem grö=ßeren Publikum vorzuführen. Auch eine während der radikal=demokratischen Fremont-Campagne geschriebene Broschüre „The Future of our Country" machte großes Aufsehen, da darin die völlige politische Gleichberechtigung der Neger proklamirt und hauptsächlich das Stimmrecht derselben gefordert wurde, was damals selbst den Radikalsten noch größtentheils zu radikal vorkam.

„Für das „Journal of Speculative Philosophy", das in New-York unter der Redaktion von W. Harris erscheint, hat Kröger regelmäßig gearbeitet und darin eine Menge werthvoller Artikel veröffentlicht.

Sein letztes Werk, das 1873 bei Hurd und Houghton in New-York erschien, ist „The Minnesingers of Germany", welches gelungene Uebersetzungen aus Walther von der Vogelweide, Ulrich von Lichtenstein, Gottfried von Straßburg (Tristan und Isolde) nebst längeren literaturhistorischen Abhandlungen über das weltliche und geistliche Minnelied u. s. w. enthält.

# Gedichte eines Deutsch-Amerikaners.

Amerika ist ein nüchternes, praktisches Land; darin der Muse pflegen und die poetischen Kinder derselben in die Welt senden, was ein deutscher Dichter nur mit seltenen Ausnahmen auf eigene Kosten thun kann, ist eine Versündigung an der herrschenden Tendenz. Wiewohl der Amerikaner im Allgemeinen der beste Bücherkäufer von der Welt ist — weil es ihm seine Mittel erlauben, — so sind doch nur wenige deutsche Dichter so glücklich gewesen, auf ihrem Wege zum Parnaß eine Goldgrube zu entdecken. Wenn nun Butz in seinem Buche „Gedichte eines Deutsch-Amerikaners" (Chicago 1879) sagt:

„Doch wohl das schlimmste Loos auf Erden
Ist hier ein deutscher Dichter sein,"

so hat er damit doppelt Recht; denn für wen singt er am Ende hier anders als für sich selbst und ein paar Freunde? Ein deutsch-amerikanisches Publikum, das es in seinem Interesse findet, hier eine eigene Literatur entstehen zu lassen, gehört vorläufig zu den vielen frommen Wünschen, und

Deutschland hat der gottbegnadeten Sänger so viele, daß es sich nicht mehr um die verbannten im Auslande bekümmern kann. Und doch greift der vereinsamte Dichter hier zur Leyer und läßt sich an dem Lohne genügen des Lieds, das aus der Kehle dringt.

Ein solcher Dichter nun ist der früher in Chicago lebende, vor einigen Jahren in Des Moines, Jowa, verstorbene Caspar Butz, dessen bisher in Zeitungen erschienenen Gedichte doch auch in Europa einigen Eindruck gemacht haben, denn Joh. Scherr sagt von ihm in seiner allgemeinen Literaturgeschichte, er gehöre zu den Dichtern, die man nicht übersehen dürfe.

Butz wurde im Jahre 1825 zu Hagen in Westfalen geboren; er erlernte die Kaufmannsschaft und beschäftigte sich in seinen freien Stunden eifrig mit dem Studium der Geschichte. Nachdem er als Commis voyageur ausgedehnte Reisen durch Belgien, Frankreich und Algier gemacht hatte, übernahm er, seinem Wunsche nach literarischer Thätigkeit folgend, die Redaktion der Hagener Zeitung und stürzte sich 1849 in das wilde Treiben der Revolution, was ihm eine steckbriefliche Verfolgung zuzog. Er ging darauf nach Amerika und zwar nach Chicago, woselbst er mehrere politische Aemter bekleidete. Um den gebildeten Deutschen Amerika's ein Centralorgan zu schaffen, gab er 1864—1865 die deutsch-amerikanischen Monatshefte heraus, die zwar das Beste enthielten, was hier im Deutschen auf literarischem Gebiete geleistet wurde, sich aber auf die Dauer doch nicht halten konnten.

Den Aufforderungen seiner zahlreichen Freunde entsprechend, ließ er seine gesammelten Gedichte in einem statt-

lichen Bande von 312 Seiten bei Uhlendorf & Cie. in
Chicago erscheinen. Er enthält eigentlich nur Gelegenheits=
gedichte; aber Gelegenheitsgedichte der edelsten Gattung, wie
sie dem wahren Sänger das wechselnde Schicksal stets ab=
ringt. Alles, was ihm in seiner politischen Sturm= und
Drangperiode das Herz bewegte, gab er in kraft= und schwung=
vollen Liedern wieder; von Deutschland vertrieben, hat er
demselben doch seine alte aufrichtige Liebe bewahrt; er ist
zwar mit Schmerz, aber ohne Groll von ihm geschieden und
ist den Hoffnungen und Träumen seiner Jugend auch in
der Fremde treu geblieben.

Patriotismus, Freiheit und Fortschritt sind die drei
Mächte, denen er sich auf immer mit Gut und Blut ver=
schrieben hat. Wo immer sich bei irgend einem fremden
Volke der Drang nach Freiheit regte, da vernahm es sicherlich
aus dem Munde unseres Dichters begeisternde Worte der
Ermuthigung; ob er sich unter dem Tafelfelsen am Niagara,
am Strande des Meeres, auf einem Mississippi=Dampfer
oder unter den nervigen Pionieren des Urwaldes befindet,
oder ob er die importirten deutschen Spatzen vor seinem
Fenster piepsen hört — einerlei, er weiß Alles prächtig mit
seinen Freiheitsideen zu verweben.

Den Tagesereignissen schenkt er nur dann Aufmerksam=
keit, wenn sie ihn in seinem Glauben an den politischen
Fortschritt der Menschheit bestärken, und daher gibt ihm
denn auch eine kurze, trockene Zeitungsnotiz, über welche die
meisten Leser gleichgültig hinwegblicken, den dankbarsten Stoff
zu einem packenden Gedichte. Sei es nun ein Drucker Süd=
amerika's, an dem die Verantwortung für die Veröffent=

lichung staatsgefährlicher Ideen haftet, und der dies Verbrechen mit dem Tode sühnt; sei es ein verachteter Neger, der durch unmenschliche Behandlung das Leben verloren hat; sei es irgend ein Verlassener und Unglücklicher, um den sich sonst keine Menschenseele kümmert — Butz singt ihm ein ergreifendes Requiem.

Die Volkshelden Arndt, Garibaldi, John Brown u. s. w. begeistern ihn zu kräftigen Strophen; was Butz zu Gunsten der Negerfreiheit sagt, gehört sicherlich neben den wuchtigen Versen Whittier's zu dem Besten, was auf diesem Gebiete überhaupt geleistet worden ist. Als er sein markiges, formvollendetes Todtenlied für John Brown dichtete, der im Winter 1859 zu Charleston wegen seines Versuches, die Neger zu befreien, hingerichtet wurde, stand bereits der unvermeidliche Bürgerkrieg klar vor seinem prophetischen Blicke, und als derselbe bald nach jener Schandthat südlicher Ritter zum Ausbruch kam, da begrüßte er eine jede Siegesnachricht mit den frohen Klängen seines Liedes. Sein Lied begleitet auch das Hecker-Regiment in die Schlacht von Perryville und weiht ihm später eine neue Fahne ein. Als Fort Sumter endlich nach hartnäckiger Belagerung gefallen, kennt der Jubel des Dichters keine Grenze mehr — ist doch die Union, die Heimat der Tapferen und Freien, geläutert aus der schweren Prüfungszeit hervorgegangen.

Doch in seinen Gedichten vernimmt man nicht allein Rosse-Gestampf und Kanonendonner; nein, hin und wieder hört man auch den melancholischen Laut schwer unterdrückten Heimwehs; denn heimisch ist er doch noch nicht hier geworden, trotzdem er bereits ein Menschenalter in Amerika gekämpft, gerungen und gelitten hat und er ebenso wehmüthig wie richtig herausfühlt, daß die alte Welt für ihn weggegeben ist. Seine Heimat ist nun Amerika, in dem er mit den Pionieren den Urwald lichtet und dessen rothes Volk vertreibt —

„Denn vorwärts drängt, was drängen kann,
Das sind die alten Schicksalslose."

Sein Gedicht „Die silberne Hochzeit im Urwalde" ist ein wahres Juwel der lyrisch-didaktischen Poesie.

Dem unglücklichen Polen, das für die Poeten doch längst seinen Reiz verloren hat, widmet er seine aufrichtige Sympathie und tröstet es damit, daß von nun an die Poesie an seinem Grabe Wache stehen werde. Auf Sealsfield's letzte Worte „Wie steht es drüben?" die ihm die Angst um sein Adoptiv-Vaterland beim Ausbruch des Sonderbundkrieges abpreßt, erwidert Butz:

„Wir haben gekämpft, wir haben geglaubt,
Wir werden kämpfen und glauben!"

Als die Bibel in die öffentlichen Schulen Chicago's eingeführt werden sollte, trat Butz als energischer Verfechter der Gewissensfreiheit auf und rief:

„Du sperrst den Geist in seine Gruft,
Noch in die Blätter eines Buches!"

Die wenigen englischen Gedichte des Buches bekunden, daß der Verfasser eine große Meisterschaft in der fremden Sprache erlangt hat; die beigegebenen Uebersetzungen aus den Werken Bryant's, Longfellow's, Dorgan's u. s. w. sind äußerst sorgfältig gearbeitet, und die Wiedergabe von Bryants „Thanatopsis" ist die beste, die von jenem tiefsinnigen Gedichte existirt.

Es unterliegt wohl keinem Zweifel, daß Freiligrath auf Butzens Muse großen Einfluß ausgeübt hat; Beiden ist ein seltener Fleiß und Schwung der Diktion eigen; bei Beiden finden wir dieselbe unbezähmbare Freiheitsliebe; Beide sind im Oriente unter Pyramiden und Obelisken zu Hause, und Beide sangen nur, wenn sie durch unmittelbare äußere Veranlassung dazu getrieben wurden.

Bei Butz findet sich keine Spur von Humor, aber auch keine von krankhafter Sentimentalität. Auch braucht er keine Schmerzen zu erfinden, um sie besingen zu können, denn sein wechselreiches Leben bot ihm in dieser Hinsicht Stoff in Hülle und Fülle. Was seine sorgfältig gefeilten kulturhistorischen Gedichte anbelangt, so nehme ich keinen Anstand, sie in Bezug auf den Ideengehalt hoch über ähnliche Erzeugnisse Lingg's zu stellen. Alles in Allem sind die Butz'schen Gedichte ein werthvoller Beitrag zur deutschen Literatur und verdienen auch in der alten Heimat freundliche Beachtung.

# Inhalts-Verzeichniss.

|  | Seite. |
|---|---|
| Nikolaus Lenau in Amerika | 3 |
| Die swedenborg'sche Literatur Amerikas | 17 |
| Ein neues Werk von James F. Clarke | 26 |
| Johannes Ronge | 32 |
| Goethe-Werther-Erinnerungen | 42 |
| Die Loreley | 54 |
| Weihnachten im Munde der amerikanischen Dichter | 63 |
| Onkel Biesebrecht's deutsch-amerikanische Volkserzählungen | 71 |
| Die Fridthjof-Saga | 78 |
| Was ein Amerikaner in Deutschland sah | 87 |
| Samuel Stehman Haldeman | 91 |
| Eine Revolutions-Reliquie | 96 |
| Joaquin Miller, amerikanischer Pferdedieb und Dichter | 106 |
| Was amerikanische Dichter über die Schweiz berichten | 117 |
| Ein Dentsch-Amerikaner als Held eines englischen Epos | 120 |
| Etwas über den amerikanischen Spiritualismus | 124 |
| Geistige Turnerei | 134 |
| Nativismus, Schulwesen und Verwandtes in Amerika | 141 |
| Das Studium der irländischen Sprache in der Gegenwart | 157 |
| Amerikanische Schriften über Japan | 162 |
| Ein Vorkämpfer für deutsche Philosophie und Literatur in Amerika | 170 |
| Gedichte eines Deutsch-Amerikaners | 174 |

www.ingramcontent.com/pod-product-compliance
Lightning Source LLC
Chambersburg PA
CBHW020250170426
43202CB00008B/311